AF547699

GRöLS
Verlage

„Bücher sind wie Fallschirme. Sie nützen uns nichts, wenn wir sie nicht öffnen."

Gröls Verlag

Redaktionelle Hinweise und Impressum

Das vorliegende Werk wurde zugunsten der Authentizität sehr zurückhaltend bearbeitet. So wurden etwa ursprüngliche Rechtschreibfehler *nicht* systematisch behoben, denn kleine Unvollkommenheiten machen das Buch – wie im Übrigen den Menschen – erst authentisch. Mitunter wurden jedoch zum Beispiel Absätze behutsam neu getrennt, um den Lesefluss zu erleichtern.

Um die Texte zu rekonstruieren, werden antiquarische Bücher von Lesegeräten gescannt und dann durch eine Software lesbar gemacht. Der so entstandene Text wird von Menschen gegengelesen und korrigiert – hierbei treten auch Fehler auf. Wenn Sie ebenfalls antiquarische Texte einreichen möchten, finden Sie weitere Informationen auf www.groels.de

Viel Freude bei der Lektüre wünscht Ihnen das Team des Gröls-Verlags.

Adressen

Verleger: Sophia Gröls, Im Borngrund 26, 61440 Oberursel

Externer Dienstleister für Distribution & Herstellung: BoD, In de Tarpen 42, 22848 Norderstedt

Unsere „Edition | Werke der Weltliteratur“ hat den Anspruch, eine der größten und vollständigsten Sammlungen klassischer Literatur in deutscher Sprache zu sein. Nach und nach versammeln wir hier nicht nur die „üblichen Verdächtigen“ von Goethe bis Schiller, sondern auch Kleinode der vergangenen Jahrhunderte, die – zu Unrecht – drohen, in Vergessenheit zu geraten. Wir kultivieren und kuratieren damit einen der wertvollsten Bereiche der abendländischen Kultur. Kleine Auswahl:

Francis Bacon • Neues Organon • **Balzac** • Glanz und Elend der Kurtisanen • **Joachim H. Campe** • Robinson der Jüngere • **Dante Alighieri** • Die Göttliche Komödie • **Daniel Defoe** • Robinson Crusoe • **Charles Dickens** • Oliver Twist • **Denis Diderot** • Jacques der Fatalist • **Fjodor Dostojewski** • Schuld und Sühne • **Arthur Conan Doyle** • Der Hund von Baskerville • **Marie von Ebner-Eschenbach** • Das Gemeindekind • **Elisabeth von Österreich** • Das Poetische Tagebuch • **Friedrich Engels** • Die Lage der arbeitenden Klasse • **Ludwig Feuerbach** • Das Wesen des Christentums • **Johann G. Fichte** • Reden an die deutsche Nation • **Fitzgerald** • Zärtlich ist die Nacht • **Flaubert** • Madame Bovary • **Gorch Fock** • Seefahrt ist not! • **Theodor Fontane** • Effi Briest • **Robert Musil** • Über die Dummheit • **Edgar Wallace** • Der Frosch mit der Maske • **Jakob Wassermann** • Der Fall Maurizius • **Oscar Wilde** • Das Bildnis des Dorian Grey • **Émile Zola** • Germinal • **Stefan Zweig** • Schachnovelle • **Hugo von Hofmannsthal** • Der Tor und der Tod • **Anton Tschechow** • Ein Heiratsantrag • **Arthur Schnitzler** • Reigen • **Friedrich Schiller** • Kabale und Liebe • **Nicolo Machiavelli** • Der Fürst • **Gotthold E. Lessing** • Nathan der Weise • **Augustinus** • Die Bekenntnisse des heiligen Augustinus • **Marcus Aurelius** • Selbstbetrachtungen • **Charles Baudelaire** • Die Blumen des Bösen • **Harriett Stowe** • Onkel Toms Hütte • **Walter Benjamin** • Deutsche Menschen • **Hugo Bettauer** • Die Stadt ohne Juden • **Lewis Caroll** • *und viele mehr….*

Else Lasker-Schüler

Gedichte

Inhalt

An Ihn

Abends

Auf einmal mußte ich singen –
Und ich wußte nicht warum?
– Doch abends weinte ich bitterlich.

Es stieg aus allen Dingen
Ein Schmerz, und der ging um
– Und legte sich auf mich.

Dem Verklärten

Ach bitter und karg war mein Brot,
Verblichen –
Das Gold meiner Wangen Bernstein.

In die Höhlen schleiche ich
Mit den Pantern
In der Nacht.

So bange mir in der Dämmerung Weh ...
Legen sich auch schlafen
Die Sterne auf meine Hand.

Du staunst über ihr Leuchten –
Doch fremd dir die Not
Meiner Einsamkeit.

Es erbarmen sich auf den Gassen
Die wilden Tiere meiner.
Ihr Heulen endet in Liebesklängen.

Du aber wandelst entkommen dem Irdischen
Um den Sinai lächelnd verklärt –
Fremdfern vorüber meiner Welt.

Und

Und hast mein Herz verschmäht –
In die Himmel wärs geschwebt
Selig aus dem engen Zimmer!

Wenn der Mond spazieren geht,
Hör ichs pochen immer
Oft bis spät.

Aus Silberfäden zart gedreht
Mein weiß Gerät –
Trüb nun sein Schimmer.

So lange ist es her ...

Ich träume so fern dieser Erde
Als ob ich gestorben war
Und nicht mehr verkörpert werde.

Im Marmor deiner Gebärde
Erinnert mein Leben sich näher.
Doch ich weiß die Wege nicht mehr.

Nun hüllt die glitzernde Sphäre
Im Demantkleide mich schwer.
Ich aber greife ins Leere.

Ein Liebeslied

Komm zu mir in der Nacht – wir schlafen engverschlungen.
Müde bin ich sehr, vom Wachen einsam.
Ein fremder Vogel hat in dunkler Frühe schon gesungen,
Als noch mein Traum mit sich und mir gerungen.

Es öffnen Blumen sich vor allen Quellen
Und färben sich mit deiner Augen Immortellen ...

Komm zu mir in der Nacht auf Siebensternenschuhen
Und Liebe eingehüllt spät in mein Zelt.
Es steigen Monde aus verstaubten Himmelstruhen.

Wir wollen wie zwei seltene Tiere liebesruhen
Im hohen Rohre hinter dieser Welt.

Ihm eine Hymne

Ich lausche seiner Lehre,
Als ob ich vom Jenseits höre
Sprechen die Abendröte.

Es kommen Dichter mit Gaben
Zu ihm aus ihren Sternen
Vom „Alleinigen Gott“ zu lernen.

Aus ihren Marmorbrüchen
Schenkten ihm die Griechen
Das Lächeln des Apolls.

Die Körper, die ihrer Seele
Die Pforte geöffnet haben,
Werden Engel aus Rosenholz.

Ich erinnere mich meiner näher
In seinem heiligen Schwang.
Hört mich der holde Seher –
... Schluchzen in seinem Gesang

Im Ewigen Jerusalem-Eden,
Tröstet sein Wort Jedweden
Fern überhebendem Stolz.

Im Tempelschall seiner Gebete,
Zwischen leuchtendem Kerzengeräte,
Schlürft meine Seele seinen Gesang.

... Doch oben im Dämmermoose
Welkt ergeben die Himmelsrose
– Da er ihr Herz verschmähte.

Ich liebe dich ...

Ich liebe dich
Und finde dich
Wenn auch der Tag ganz dunkel wird.

Mein Lebelang
Und immer noch
Bin suchend ich umhergeirrt.

Ich liebe dich!
Ich liebe dich!
Ich liebe dich!

Es öffnen deine Lippen sich ...
Die Welt ist taub,
Die Welt ist blind

Und auch die Wolke
Und das Laub –
– Nur wir, der goldene Staub
Aus dem wir zwei bereitet:
– Sind!

In meinem Schoße

In meinem Schoße
Schlafen die dunkelen Wolken –
Darum bin ich so traurig, du Holdester.

Ich muß deinen Namen rufen
Mit der Stimme des Paradiesvogels
Wenn sich meine Lippen bunt färben.

Es schlafen schon alle Bäume im Garten –
Auch der nimmermüde
Vor meinem Fenster –

Es rauscht der Flügel des Geiers
Und trägt mich durch die Lüfte
Bis über dein Haus.

Meine Arme legen sich um deine Hüften,
Mich zu spiegeln
In deines Leibes Verklärtheit.

Lösche mein Herz nicht aus –
Du den Weg findest –
Immerdar.

Dem Holden

Ich taumele über deines Leibes goldene Wiese,
Es glitzern auf dem Liebespfade hin die Demantkiese
Und auch zu meinem Schoße
Führen bunterlei Türkise.

Ich suchte ewig dich – es bluten meine Füße –
Ich löschte meinen Durst mit deines Lächelns Süße.
Und fürchte doch, daß sich das Tor
Des Traumes schließe.

Ich sende dir, eh ich ein Tropfen frühes Licht genieße,
In blauer Wolke eingehüllte Grüße
Und von der Lippe abgepflückte eben erst erblühte Küsse.
Bevor ich schwärmend in den Morgen fließe.

Die Unvollendete

Es ist so dunkel heut am Heiligen Himmel ...
Ich und die Abendwolken suchen nach dem Mond –
Wo beide wir einst vor dem Erdenleben,
Schon nahe seiner Leuchtewelt gewohnt.

Darum möcht ich mit dir mich unlösbar verweben –
Ich hab so Angst um Mitternacht!
Es schreckt ein Traum mich aus vergangenem Leben
An den ich gar nicht mehr gedacht.

Ich pflückte mir so gern nach banger Nacht
Vom Berg der Frühe lichtgefüllte Reben.
Doch hat die Finsternis mich umgebracht –
Geopfert deinem Wunderleben.

Und es verblutet, was du mir,
Ich dir gegeben,
Und auch das bunte Sternenzeichen
Unserer engverknüpften Hand,
Das Pfand!!

Und neben mir und dein –
Auf meinem Herzen süßgemalt enthobnem Sein
– Tröstet mich ein Fremder übermannt.

Ihm mangelt an der Ouvertüre süßem Tand
Streichelnder Flüsterspiele seiner Triebe,
Verherrlichend den keuschen Liebeskelch der Liebe.

Ich säume liebentlang

Ich säume liebentlang durchs Morgenlicht,
Längst lebe ich vergessen – im Gedicht.
Du hast es einmal mir gesprochen.

Ich weiß den Anfang –
Weiter weiß ich von mir nicht.
Doch hörte ich mich schluchzen im Gesang.

Es lächelten die Immortellen hold in deinem Angesicht,
Als du im Liebespsalme unserer Melodie
Die Völker tauchtest und erhobest sie.

An Apollon

Es ist am Abend im April.
Der Käfer kriecht ins dichte Moos.
Er hat so Angst – die Welt so groß!

Die Wirbelwinde hadern mit dem Leben,
Ich halte meine Hände still ergeben
Auf meinem frommbezwungenen Schoß.

Ein Engel spielte sanft auf blauen Tasten,
Langher verklungene Phantasie.
Und alle Bürde meiner Lasten,
Verklärte und entschwerte sie.

Jäh tut mein sehr verwaistes Herz mir weh –
Blutige Fäden spalten seine Stille.
Zwei Augen blicken wund durch ihre Marmorhülle
In meines pochenden Granates See.

Er legte Brand an meines Herzens Lande –
Nicht mal sein Götterlächeln
Ließ er mir zum Pfande.

An mich

Meine Dichtungen, deklamiert, verstimmen die Klaviatur meines Herzens. Wenn es noch Kinder wären, die auf meinen Reimen tastend meinetwegen klimperten. (Bitte nicht weitersagen!) Ich sitze noch heute sitzengeblieben auf der untersten Bank der Schulklasse, wie einst ... Doch mit spätem versunkenem Herzen: 1000 und 2-jährig, dem Märchen über den Kopf gewachsen.

Ich schweife umher! Mein Kopf fliegt fort wie ein Vogel, liebe Mutter. Meine Freiheit soll mir niemand rauben, – sterb ich am Wegrand wo, liebe Mutter, kommst du und trägst mich hinauf zum blauen Himmel. Ich weiß, dich rührte mein einsames Schweben und das spielende Ticktack meines und meines teuren Kindes Herzen.

Der siebente Tag

Erkenntnis

Schwere steigt aus allen Erden auf
Und wir ersticken im Bleidunst,
Jedoch die Sehnsucht reckt sich
Und speit wie eine Feuersbrunst.
Es tönt aus allen wilden Flüssen
Das Urgeschrei, Evas Lied.
Wir reißen uns die Hüllen ab,
Vom Schall der Vorwelt hingerissen,
Ich nackt! Du nackt!

— — — — — — — —

Wilder, Eva, bekenne schweifender,
Deine Sehnsucht war die Schlange,
Ihre Stimme wand sich über deine Lippe,
Und biß in den Saum deiner Wange.

Wilder, Eva, bekenne reißender,
Den Tag, den du Gott abrangst,

Da du zu früh das Licht sahst
Und in den blinden Kelch der Scham sankst.

Riesengroß
Steigt aus deinem Schoß
Zuerst wie Erfüllung zagend,
Dann sich ungestüm raffend,
Sich selbst schaffend
Gott-Seele ...

Und sie wächst
Über die Welt hinaus,
Ihren Anfang verlierend,
Über alle Zeit hinaus,
Und zurück um dein Tausendherz
Ende überragend ...

Singe, Eva, dein banges Lied einsam,
Einsamer, tropfenschwer wie dein Herz schlägt,
Löse die düstere Tränenschnur,
Die sich um den Nacken der Welt legt.

Wie das Mondlicht wandele dein Antlitz ...
Du bist schön ...
Singe, singe, horch, den Rauscheton,
Spielt die Nacht auf deinem Goldhaar schon:

„Ich trank atmende Süße
Vom schillernden Aste
Aus holden Dunkeldolden.
Ich fürchte mich nun
Vor meinem wachenden Blick –
Verstecke mich, du –
Denn meine wilde Pein
Wird Scham,

Verstecke mich, du,
Tief in das Auge der Nacht,
Daß mein Tag Nachtdunkel trage.
Dieses taube Getöse, das mich umwirrt!
Meine Angst rollt die Erdstufen herauf,
Düsterher, zu mir zurück, nachthin,
Kaum rastet eine Spanne zwischen uns.

Brich mir das glühende Eden von der Schulter!
Mit seinen kühlen Armen spielten wir,
Durch seine hellen Wolkenreife sprangen unsere Jubel.
Nun schnellen meine Zehe wie irre Pfeile über die Erde,
Und meine Sehnsucht kriecht in jähen Bogen mir voran."

Eva, kehre um vor der letzten Hecke noch!
Wirf nicht Schatten mit dir,
Blühe aus, Verführerin.

Eva du heiße Lauscherin,
O, du schaumweiße Traube,
Flüchte um vor der Spitze deiner schmälsten Wimper noch!

Liebesflug

Drei Stürme liebt ich ihn eher, wie er mich,
Jäh schrien seine Lippen,
Wie der geöffnete Erdmund!
Und Gärten berauschten an Mairegen sich.

Und wir griffen unsere Hände,
Die verlöteten wie Ringe sich;
Und er sprang mit mir auf die Lüfte
Gotthin, bis der Atem verstrich.

Dann kam ein leuchtender Sommertag,
Wie eine glückselige Mutter,
Und die Mädchen blickten schwärmerisch,
Nur meine Seele lag müd und zag.

Wir Beide

Der Abend weht Sehnen aus Blütensüße,
Und auf den Bergen brennt wie Silberdiamant der Reif,
Und Engelköpfchen gucken überm Himmelstreif,
Und wir beide sind im Paradiese.

Und uns gehört das ganze bunte Leben,
Das blaue große Bilderbuch mit Sternen!
Mit Wolkentieren, die sich jagen in den Fernen
Und hei! die Kreiselwinde, die uns drehn und heben!

Der liebe Gott träumt seinen Kindertraum
Vom Paradies – von seinen zwei Gespielen,
Und große Blumen sehn uns an von Dornenstielen ...
Die düstre Erde hing noch grün am Baum.

Die Liebe

Es rauscht durch unseren Schlaf
Ein feines Wehen, Seide,
Wie pochendes Erblühen
Über uns beide.

Und ich werde heimwärts
Von deinem Atem getragen,

Durch verzauberte Märchen,
Durch verschüttete Sagen.

Und mein Dornenlächeln spielt
Mit deinen urtiefen Zügen,
Und es kommen die Erden
Sich an uns zu schmiegen.

Es rauscht durch unseren Schlaf
Ein feines Wehen, Seide –
Der weltalte Traum
Segnet uns beide.

Traum

Der Schlaf entführte mich in deine Gärten,
In deinen Traum – die Nacht war wolkenschwarz umwunden –
Wie düstere Erden starrten deine Augenrunden,
Und deine Blicke waren Härten –

Und zwischen uns lag eine weite, steife
Tonlose Ebene ...
Und meine Sehnsucht, hingegebene,
Küßt deinen Mund, die blassen Lippenstreife.

Margret

Der Morgen ist bleich von Traurigkeit,
Es sind so viel junge Blumen gestorben,
Und du, o du bist gestorben,
Und mein Herz klagt eine Sehnsucht weit;

Über die ziellose Flut
Der blaublühenden Meere,
Und deine Mutter höre
Ich weinen in meinem Blut.

... Muß immer träumen
Von deinen tiefen Lenzaugen,
Die blickten wie wilde Knospen
Von gottalten Bäumen.

„Täubchen, das in seinem eignen Blute schwimmt“

Als ich also diese Worte an mich las,
Erinnerte ich mich
Tausend Jahre meiner.

Eisige Zeiten verschollen – Leben vom Leben,
Wo liegt mein Leben –
Und träumt nach meinem Leben.

Ich lag allen Tälern im Schoß,
Umklammerte alle Berge,
Aber nie meine Seele wärmte mich.

Mein Herz ist die tote Mutter,
Und meine Augen sind traurige Kinder,
Die über die Lande gehen.

„Täubchen, das in seinem eigenen Blute schwimmt“.
Ja, diese Worte an mich sind heiße Tropfen,
Sind mein stilles Aufsterben
„Täubchen, das in seinem eigenen Blute schwimmt“.

In den Nächten sitzen sieben weinende Stimmen
Auf der Stufe des dunklen Tors
Und harren.

Auf den Hecken sitzen sie
Um meine Träume
Und tönen.

Und mein braunes Auge blüht
Halberschlossen vor meinem Fenster
Und zirpt. –
„Täubchen, das in seinem eigenen Blute schwimmt“.

Eva

Du hast deinen Kopf tief über mich gesenkt,
Deinen Kopf mit den goldenen Lenzhaaren,
Und deine Lippen sind von rosiger Seidenweichheit,
Wie die Blüten der Bäume Edens waren.

Und die keimende Liebe ist meine Seele.
O, meine Seele ist das vertriebene Sehnen,
Du liebzitterst vor Ahnungen –
... Und weißt nicht, warum deine Träume stöhnen.

Und ich liege schwer auf deinem Leben,
Eine tausendstämmige Erinnerung,
Und du bist so blutjung, so adamjung ...
Du hast deinen Kopf tief über mich gesenkt –.

Unser stolzes Lied

Aber fremde Tage hängen
Über uns mit kühlen Bläuen,
Und weiße Wolkenschollen dräuen,
Das goldene Strahleneiland zu verdrängen.

Auch wir beide sind besiegte Siegerinnen,
Und Kronen steigen uns vom Blut der Zeder,
Propheten waren unsere Väter,
Unsere Mütter Königinnen.

Und süße Schwermutwolken ranken
Sich über ihre Gräber lilaheiß in Liebeszeilen,
Unsere Leiber ragen stolz, zwei goldene Säulen,
Über das Abendland wie östliche Gedanken.

Unser Liebeslied

Laß die kleinen Sterne stehn,
Lenzseits winken junge Matten
Meiner Welten, die nichts wissen vom Geschehn.

Und wir wollen unter Pinien
Heimlich beide umschlungen gehn,
In die blaue Allmacht sehn.

Zwischen Garben
Und Schilfrohrruten
Steigen Schlummer auf aus Farben.

Und von roten Abendlinien
Blicken Marmorwolkenfresken
Und verzückte Arabesken.

Unser Kriegslied

Unsere Arme schlingen sich entgegen
Durch das Leben in runden Schwingen,
Durch das Spiel von Feuerringen,
Zwei Äste sich durch Bogenwegen.

Unsere Seelen tragen scharfe Blüten
Und aus ihren Kelchen steigen
Weihedüfte ... und die Himmel neigen
Ihre Häupter mit den blauen Güten.

Unsere Willen sind zwei harte Degen
Und sie haben nie verfehlt gestritten,
Und wir dringen bis zum Erzkreis vor, in seiner Mitten
Fällt nach dürren Ewigkeiten Freudenregen,

Alles Sehnen nieder, und vor unserm Schilde
Stürzt das blinde Dämmergraugebilde.
Unsere Adern schmettern wie Posaunen!

Unsere Augen blicken sich in Blicken,
Wie zwei Siege sich erblicken –
Und die Nacht des Tages voll in Lichterstaunen.

Nebel

Wir sitzen traurig Hand in Hand,
Die gelbe Sonnenrose,
Die strahlende Braut Gottes,
Leuchtet erdenabgewandt.

Und wie golden ihr Blick war,
Und unsere Augen weiten

Sich fragend wie Kinderaugen,
Weiß liegt die Sehnsucht schon auf unserm Haar.

Und zwischen den kahlen Buchen
Steigen ruhelose Dunkelheiten,
Auferstandene Nächte,
Die ihre weinenden Tage suchen.

Es schließen sich wie Rosen
Unsere Hände; du, wir wollen
Wie junge Himmel uns lieben
Im Kranz von grauen Grenzenlosen.

Ein tiefer Sommer wird schweben
Auf laubigen Flügeln zur Erde,
Und eine rauschende Süße
Strömt durch das schwermütige Leben.

Und was werden wir beide spielen ...
Wir halten uns fest umschlungen
Und kugeln uns über die Erde,
Über die Erde.

Ruth

Und du suchst mich vor den Hecken.
Ich höre deine Schritte seufzen
Und meine Augen sind schwere dunkle Tropfen.

In meiner Seele blühen süß deine Blicke
Und füllen sich,
Wenn meine Augen in den Schlaf wandeln.

Am Brunnen meiner Heimat
Steht ein Engel,
Der singt das Lied meiner Liebe,
Der singt das Lied Ruths.

Schulzeit

Unter süßem Veilchenhimmel
Ist unsere Liebe aufgegangen,
Und ich suche allerwegen
Nach dir und deinen Morgenwangen.

Und den Ringelrangelhaaren
Rötlichblonden Rosenlocken,
Und den frühlingshellen Augen
Die so frischfreifrohfrohlocken.

Zwischen dicken Gummipflanzen
Lauern hinter Irdentöpfen
Strickpicknadelspitze Augen,
Tücksch aus bitteren Frauenköpfen.

Daß die beiden alten Damen
Hinter unsere Liebe kamen
Und dich in Gewahrsam nahmen,
Sind die Dramen unserer Herzen.

Groteske

Seine Ehehälfte sucht der Mond,
Da sonst das Leben sich nicht lohnt.

Der Lenzschalk springt mit grünen Füßen,
Ein Heuschreck über die Wiesen.

Steif steht im Teich die Schmackeduzie,
Es sehnt und dehnt sich Fräulein Luzie.

Das Geheimnis

Die runde Ampel hängt wie eine Süßfrucht in der Nische,
Des Fensters beide Glasgestalten regen sich,
Der Paradiesbaum hinter ihnen bläht sich,
Und meine Hände fallen bleich vom Marmortische.

Und aus dem Abend tritt ein schwerer Duft,
Und unsere Heiterkeiten klingen ferne
Hellhin ... wir sind auf einem greisen Sterne –
Wir Vier – und schwanken in der Luft.

Dein Auge füllt sich ... und ich ahne, wer ich bin –
Die zärtlich Glatte schlingt den Arm um deinen Leib und
wittert,
Und der im Lichtschein beugt den Kopf, das Schweigen über
uns gewittert,
Es blickt sich unser Blut um, hin zum Anbeginn.

Und siegeslockend schwingt der runde Odem uns ums Leben
Am Rand vorbei, der stille Kreis umkrampft uns.
Und Nähe sucht in Nähe zu verkriechen ...
Mein Arm hebt wie ein Schwert sich auf vor uns,
Versteinte Zeichen reißen sich aus Urgeweben.

Und draußen fällt ein bleicher, blinder Regen
Und tastet auf in hohlen, toten Fragen.

Wir sind von der Schlange noch nicht ausgetragen
Und finden das Ziel nicht in ihrem dunklen Bewegen.

Nachklänge

Auf den harten Linien
Meiner Siege
Laß ich meine späte Liebe tanzen.

Herzauf, seelehin,
Tanze, tanze meine späte Liebe,
Und ich lächle schwervergessene Lieder.

Und mein Blut beginnt zu wittern,
Sich zu sehnen
Und zu flattern.

Schon vor Sternzeiten
Wünschte ich mir diese blaue,
Helle, leuchteblaue Liebe.

Deine Augen singen
Schönheit,
Duftende ...

Auf den harten Linien
Meiner Siege
Laß ich meine späte Liebe tanzen.

Und ich schwinge sie –
„Fangt auf ihr Rosenhimmel,
Auf und nieder!“

Tanze, tanze meine späte Liebe,
Herzab, seelehin –
Arglos über stille Tiefen …
Über mein bezwungenes Leben.

Evas Lied

Die Luft ist von gährender Erde herb,
Und der nackte Märzwald sehnt sich
Wie du – o, ich wollte, ich würde der Frühling,
Mit lauter Märchen umblühte ich dich.

Wäre meine Kraft nicht tot!
Ich hab all das Nachleid tragen müssen,
Und mein tagendes Herzrot
Ist von grollenden Himmeln zerrissen.

Und deine Sinne sind kühl,
Und deine Augen sind zwei Morgenfrühen,
Und das Blondgewirr auf deiner Stirn
Glüht, als ob Sonnen sie besprühen.

Aber du bist vertrieben wie ich,
Weil du auf das Land meiner Seele sankst,
Als das Glück des Erkenntnistags aus mir schrie
Und seines Genießens Todangst.

Maienregen

Du hast deine warme Seele
Um mein verwittertes Herz geschlungen,

Und all seine dunklen Töne
Sind wie ferne Donner verklungen.

Aber es kann nicht mehr jauchzen
Mit seiner wilden Wunde,
Und wunschlos in deinem Arme
Liegt mein Mund auf deinem Munde.

Und ich höre dich leise weinen,
Und es ist – die Nacht bewegt sich kaum –
Als fiele ein Maienregen
Auf meinen greisen Traum.

Mein stilles Lied

Mein Herz ist eine traurige Zeit,
Die tonlos tickt.

Meine Mutter hatte goldene Flügel,
Die keine Welt fanden.

Horcht, mich sucht meine Mutter,
Lichte sind ihre Finger und ihre Füße wandernde Träume.

Und süße Wetter mit blauen Wehen
Wärmen meine Schlummer

Immer in den Nächten,
Deren Tage meiner Mutter Krone tragen.

Und ich trinke aus dem Monde stillen Wein,
Wenn die Nacht einsam kommt.

Meine Lieder trugen des Sommers Bläue
Und kehrten düster heim.

Verhöhnt habt ihr mir meine Lippe
Und redet mit ihr.

Doch ich griff nach euren Händen,
Denn meine Liebe ist ein Kind und wollte spielen.

Einen nahm ich von euch und den zweiten
Und küßte ihn,

Aber meine Blicke blieben rückwärts gerichtet
Meiner Seele zu.

Arm bin ich geworden
An eurer bettelnden Wohltat.

Und ich wußte nichts vom Kranksein,
Und bin krank von euch,

Und nichts ist diebischer als Kränke,
Sie bricht dem Leben die Füße,

Stiehlt dem Grabweg das Licht,
Und verleumdet den Tod.

Aber mein Auge
Ist der Gipfel der Zeit,

Sein Leuchten küßt
Gottes Saum.

Und ich will euch noch mehr sagen,
Bevor es finster wird zwischen uns.

Bist du der Jüngste von euch,
So solltest du mein Ältestes wissen.

Auf deiner Seele werden es fortan
Alle Welten spielen.

Und die Nacht wird es wehklagen
Dem Tag.

Ich bin der Hieroglyph,
Der unter der Schöpfung steht.

Und ich artete mich nach euch,
Der Sehnsucht nach dem Menschen wegen.

Ich riß die ewigen Blicke von meinen Augen,
Das siegende Licht von meinen Lippen –

Weißt du einen schwereren Gefangenen,
Einen böseren Zauberer, denn ich.

Und meine Arme, die sich heben wollen,
Sinken ...

Mein Volk

Der Fels wird morsch,
Dem ich entspringe
Und meine Gotteslieder singe ...
Jäh stürz ich vom Weg
Und riesele ganz in mir
Fernab, allein über Klagegestein
Dem Meer zu.

Hab mich so abgeströmt
Von meines Blutes
Mostvergorenheit.
Und immer, immer noch der Widerhall
In mir,
Wenn schauerlich gen Ost
Das morsche Felsgebein,
Mein Volk,
Zu Gott schreit.

Zebaoth

Gott, ich liebe dich in deinem Rosenkleide,
Wenn du aus deinen Gärten trittst, Zebaoth.
O, du Gottjüngling,
Du Dichter,
Ich trinke einsam von deinen Düften.

Meine erste Blüte Blut sehnte sich nach dir,
So komme doch,
Du süßer Gott,
Du Gespiele Gott,
Deines Tores Gold schmilzt an meiner Sehnsucht.

Mein Sterbelied

Die Nacht ist weich von Rosensanftmut;
Komm, gib mir deine beiden Hände her,
Mein Herz pocht spät
Und durch mein Blut
Wandert die letzte Nacht und geht
Und naht so weit und ewig wie ein Meer.

Und hast du mich so sehr geliebt,
So nimm das Jubelndste von deinem Tag,
Gib mir das Gold, das keine Wolke trübt.

Es wallen Harmonien aus der Nachtlandferne –
Ich ziehe ein
Und werde Leben sein
Und Leben mich an Leben schmiegen,
Wenn über mir Paradiessterne
Ihre ersten Menschen wiegen.

Streiter

Und deine hellen Augen heben sich im Zorn,
Schwarz, wie die lange Nacht, und morgenlose.
Des Eitlen Stimme brüllt in toter Pose,
Wie durch ein enggebogenes Horn.

Und zwischen übermütigem Tausendlachen
Der Einen und der Zweiten und der Vielen
Zerbersten Wort an Worten sich aus Wetterschwielen
Wie reife Härten auf den lauten Schwachen.

Und Abendwinde, die von her und dort sich trafen
Und schrill in Kreiseleile sich beschielen,
Aufpfiffen fröstelnd über die gehöhnten Dielen –
Ich konnte nachts vor Träumerei nicht schlafen.

Und meine Seele liegt wie eine bleiche Weite
Und hört das Leben mahlen in der Mühle,
Es löst sich auf in schwere Kühle,
Und ballt sich wieder heiß zum Streite.

Wir Drei

Unsere Seelen hingen an den Morgenträumen
Wie die Herzkirschen,
Wie lachendes Blut an den Bäumen.

Kinder waren unsere Seelen,
Als sie mit dem Leben spielten,
Wie die Märchen sich erzählen.

Und von weißen Azaleen
Sangen die Spätsommerhimmel
Über uns im Südwindwehen.

Und ein Kuß und ein Glauben
Waren unsere Seelen eins,
Wie drei Tauben.

Mein Liebeslied

Wie ein heimlicher Brunnen
Murmelt mein Blut,
Immer von dir, immer von mir.

Unter dem taumelnden Mond
Tanzen meine nackten, suchenden Träume,
Nachtwandelnde Kinder,
Leise über düstere Hecken.

O, deine Lippen sind sonnig ...
Diese Rauschedüfte deiner Lippen ...
Und aus blauen Dolden silberumringt
Lächelst du ... du, du.

Immer das schlängelnde Geriesel
Auf meiner Haut
Über die Schulter hinweg –
Ich lausche ...

Wie ein heimlicher Brunnen
Murmelt mein Blut.

Mein Wanderlied

Zwölf Morgenhellen weit
Verschallt der Geist der Mitternacht,
Und meine Lippen haben ausgedacht
In stolzer Linie mit der Ewigkeit.

Torabwärts schreitet das Verflossene,
Indes sich meine Seele in dem Glanz der Lösung bricht,
Ihr tausendheißes, weißes Licht
Scheint mir voran ins Ungegossene.

Und ich wachse über all Erinnern weit –
So ferne Musik – und zwischen Kampf und Frieden
Steigen meine Blicke, Pyramiden,
Und sind die Ziele hinter aller Zeit.

Der Letzte

Ich lehne am geschlossenen Lid der Nacht
Und horche in die Ruhe.

Alle Sterne träumen von mir,
Und ihre Strahlen werden goldener,
Und meine Ferne undurchdringlicher.

Wie mich der Mond umwandelt,
Immer blindes Geschimmer murmelnd,
Ein Derwisch ist er in seinem Wandeltanz.

Weißgelbenjung hing sein Schein
Schaumleicht an der Nacht,
Und jäh über die Wolken sein Lawinengedröhn
Immer grauab,
Mir zur Seite streifte sein Gold.

Mein Heimatmeer lauscht still in meinem Schoß,
Helles Schlafen – dunkles Wachen ...
In meiner Hand liegt schwer mein Volk begraben,
Und Wetter ziehen schüchtern über mich.

Ich lehne am geschlossenen Lid der Nacht
Und horche in die Ruhe.

O, meine schmerzliche Lust ...

Mein Traum ist eine junge, wilde Weide
Und schmachtet in der Dürre.
Wie die Kleider um den Tag brennen ...
Alle Lande bäumen sich.

Soll ich dich locken mit dem Liede der Lerche
Oder soll ich dich rufen wie der Feldvogel?
Tuuh! Tuuh!

Wie die Silberähren
Um meine Füße sieden – – –
O, meine schmerzliche Lust
Weint wie ein Kind.

Der letzte Stern

Mein silbernes Blicken rieselt durch die Leere,
Nie ahnte ich, daß das Leben hohl sei.
Auf meinem leichtesten Strahl
Gleite ich wie über Gewebe von Luft
Die Zeit rundauf, kugelab,
Unermüdlicher tanzte nie der Tanz.
Schlangenkühl schnellt der Atem der Winde,
Säulen aus blassen Ringen sich auf
Und zerfallen wieder.
Was soll das klanglose Luftgelüste,
Dieses Schwanken unter mir,
Wenn ich über die Lende der Zeit mich drehe.
Eine sanfte Farbe ist mein Bewegen
Und doch küßte nie das frische Auftagen,
Nicht das jubelnde Blühen eines Morgen mich.
Es naht der siebente Tag –
Und noch ist das Ende nicht erschaffen.
Tropfen an Tropfen erlöschen
Und reiben sich wieder,
In den Tiefen taumeln die Wasser
Und drängen hin und stürzen erdenab.
Wilde, schimmernde Rauscharme
Schäumen auf und verlieren sich,
Und wie alles drängt und sich engt
Ins letzte Bewegen.
Kürzer atmet die Zeit

Im Schoß der Zeitlosen.
Hohle Lüfte schleichen
Und erreichen das Ende nicht,
Und ein Punkt wird mein Tanz
In der Blindnis.

Heim

Unsere Zimmer haben blaue Wände,
Und wir wandeln leisehin durch Himmelweiten,
Und am Abend legen Innigkeiten
Mit Engelaugen ineinander unsere Hände.

Und wir erzählen uns Geschichten,
Bis der Morgen kommt in Silberglocken
Und dem Dämmersteine in den Locken,
Der Sonne winkt durchs Tor von Wolkenschichten;

Und wie sie tanzt auf unseren wiesenhellen
Teppichen, leicht über sanftverschlungene Blumenstiele!
Zum Liebeslauschen laden unsere Stühle,
Und von den Pfeilern fallen Seidenquellen.

Sphinx

Sie sitzt an meinem Bette in der Abendzeit
Und meine Seele tut nach ihrem Willen,
Und in dem Dämmerscheine, traumesstillen,
Engen wie Fäden dünn sich ihre Glanzpupillen
Um ihrer Sinne schläfrige Geschmeidigkeit.

Und auf dem Nebenbette an den Leinennähten
Knistern die Spitzenranken von Narzissen,
Und ihre Hände dehnen breit sich nach dem Kissen,
Auf dem noch Träume blühn aus seinen Küssen,
Herzsüßer Duft auf weißen Beeten.

Und lächelnd taucht die Mondfrau in die Wolkenwellen
Und meine bleichen, leidenden Psychen
Erstarken neu im Kampf mit Widersprüchen.

Weltende

Es ist ein Weinen in der Welt,
Als ob der liebe Gott gestorben war,
Und der bleierne Schatten, der niederfällt,
Lastet grabesschwer.

Komm, wir wollen uns näher verbergen ...
Das Leben liegt in aller Herzen
Wie in Särgen.

Du! wir wollen uns tief küssen –
Es pocht eine Sehnsucht an die Welt,
An der wir sterben müssen.

Meinem so geliebten Spielgefährten Senna Hoy

In Moskau der Prinz Sascha
Saß sündlos gefangen sieben Jahr.

Ballade

(*Erste Fassung*)

Trotzendes Gold seine Stirn war,
Süßer Todstrahl sein Haar,
Seine Lippen blühten am Altar.

Ob er kommt dieses Jahr –
Sein Herz pocht ganz nah.

Wo steck ich meinen Liebsten hin,
Da ich nur seine Blume bin –

Dem Dichter färbt er die Schläfe rot.
Mit der Axt schlägt er den Ritter tot.
Aber den König trifft er nicht,
Der hat meines Bruders steinern Gesicht.
O, Sascha!

Ballade

(*Zweite Fassung*)

Sascha kommt aus Sibirien heim;
Wie er aussehn mag?

Trotzendes Gold seine Stirne war,
Süßer Todstrahl sein Haar,
Seine Lippen brannten am Altar.

Sascha trank meinen Herzseim
Jede Nacht, die am Traumhang lag.

Was er sagen mag –
Wie er klagen mag –

Wo steck ich meinen Liebsten hin?
Da ich ihm untreu war
Und doch nur seine Blume bin.

Dem Dichter färbt er die Schläfe rot,
Seine Ehre sticht den Wilddieb tot.

Aber den König trifft er nicht,
Der hat meines Bruders steinern Gesicht.
Sascha!

Senna Hoy

Wenn du sprichst,
Wacht mein buntes Herz auf.

Alle Vögel üben sich
Auf deinen Lippen.

Immerblau streut deine Stimme
Über den Weg;

Wo du erzählst, wird Himmel.

Deine Worte sind aus Lied geformt,
Ich traure, wenn du schweigst.

Singen hängt überall an dir –
Wie du wohl träumen magst?

Mein Liebeslied

Auf deinen Wangen liegen
Goldene Tauben.

Aber dein Herz ist ein Wirbelwind,
Dein Blut rauscht, wie mein Blut –

Süß
An Himbeersträuchern vorbei.

O, ich denke an dich – –
Die Nacht frage nur.

Niemand kann so schön
Mit deinen Händen spielen,

Schlösser bauen, wie ich
Aus Goldfinger;

Burgen mit hohen Türmen!
Strandräuber sind wir dann.

Wenn du da bist,
Bin ich immer reich.

Du nimmst mich so zu dir,
Ich sehe dein Herz Sternen.

Schillernde Eidechsen
Sind deine Geweide.

Du bist ganz aus Gold –
Alle Lippen halten den Atem an.

Siehst du mich

Zwischen Erde und Himmel?
Nie ging einer über meinen Pfad.

Aber dein Antlitz wärmt meine Welt,
Von dir geht alles Blühen aus.

Wenn du mich ansiehst,
Wird mein Herz süß.

Ich liege unter deinem Lächeln
Und lerne Tag und Nacht bereiten,

Dich hinzaubern und vergehen lassen,
Immer spiele ich das eine Spiel.

Ein Liebeslied

Aus goldenem Odem
Erschufen uns Himmel.
O, wie wir uns lieben ...

Vögel werden Knospen an den Ästen,
Und Rosen flattern auf.

Immer suche ich nach deinen Lippen
Hinter tausend Küssen.

Eine Nacht aus Gold,
Sterne aus Nacht ...
Niemand sieht uns.

Kommt das Licht mit dem Grün,
Schlummern wir;
Nur unsere Schultern spielen noch wie Falter.

Ein Lied der Liebe

Seit du nicht da bist,
Ist die Stadt dunkel.

Ich sammle die Schatten
Der Palmen auf,
Darunter du wandeltest.

Immer muß ich eine Melodie summen,
Die hängt lächelnd an den Ästen.

Du liebst mich wieder –
Wem soll ich mein Entzücken sagen?

Einer Waise oder einem Hochzeitler,
Der im Widerhall das Glück hört.

Ich weiß immer,
Wann du an mich denkst –

Dann wird mein Herz ein Kind
Und schreit.

An jedem Tor der Straße
Verweile ich und träume;

Ich helfe der Sonne deine Schönheit malen
An allen Wänden der Häuser.

Aber ich magere
An deinem Bilde.

Um schlanke Säulen schlinge ich mich
Bis sie schwanken.

Überall steht Wildedel,
Die Blüten unseres Blutes.

Wir tauchen in heilige Moose,
Die aus der Wolle goldener Lämmer sind.

Wenn doch ein Tiger
Seinen Leib streckte

Über die Ferne, die uns trennt,
Wie zu einem nahen Stern.

Auf meinem Angesicht
Liegt früh dein Hauch.

Ein Trauerlied

Eine schwarze Taube ist die Nacht
... Du denkst so sanft an mich.

Ich weiß, dein Herz ist still,
Mein Name steht auf seinem Saum.

Die Leiden, die dir gehören,
Kommen zu mir.

Die Seligkeiten, die dich suchen,
Sammele ich unberührt.

So trage ich die Blüten deines Lebens
Weiter fort.

Und möchte doch mit dir stille stehn;
Zwei Zeiger auf dem Zifferblatt.

O, alle Küsse sollen schweigen
Auf beschienenen Lippen liebentlang.

Niemehr soll es früh werden,
Da man deine Jugend brach.

In deiner Schläfe
Starb ein Paradies.

Mögen sich die Traurigen
Die Sonne in den Tag malen.

Und die Trauemden
Schimmer auf ihre Wangen legen.

Im schwarzen Wolkenkelche
Steht die Mondknospe.

... Du denkst so sanft an mich.

Sascha

Um deine Lippen blüht noch jung
Der Trotz dunkelrot,

Aber auf deiner Stirne sind meine Gebete
Vom Sturm verwittert.

Daß wir uns im Leben
Nie küssen sollten ...

Nun bist du der Engel,
Der auf meinem Grab steht.

Das Atmen der Erde bewegt
Meinen Leib wie lebendig.

Mein Herz scheint hell
Vom Rosenblut der Hecken.

Aber ich bin tot, Sascha,
Und das Lächeln liegt abgepflückt
Nur noch kurz auf meinem Gesicht.

Senna Hoy

Seit du begraben liegst auf dem Hügel,
Ist die Erde süß.

Wo ich hingehe nun auf Zehen,
Wandele ich über reine Wege.

O deines Blutes Rosen
Durchtränken sanft den Tod.

Ich habe keine Furcht mehr
Vor dem Sterben.

Auf deinem Grabe blühe ich schon
Mit den Blumen der Schlingpflanzen.

Deine Lippen haben mich immer gerufen,
Nun weiß mein Name nicht mehr zurück.

Jede Schaufel Erde, die dich barg,
Verschüttete auch mich.

Darum ist immer Nacht an mir,
Und Sterne schon in der Dämmerung.

Und ich bin unbegreiflich unseren Freunden
Und ganz fremd geworden.

Aber du stehst am Tor der stillsten Stadt
Und wartest auf mich, du Großengel.

Meinem reinen Liebesfreund Hans Ehrenbaum-Degele

Tristan kämpfte in Feindesland;
Viel Lieder hat er heimgesandt
Bis der Feind brach seinen Leib.

Hans Ehrenbaum-Degele

Er war der Ritter in Goldrüstung.
Sein Herz ging auf sieben Rubinen.

Darum trugen seine Tage
Den lauteren Sonntagsglanz.

Sein Leben war ein lyrisches Gedicht,
Die Kriegsballade sein Tod.

Er sang den Frauen Lieder
In süßerlei Abendfarben.

Goldnelken waren seine Augen,
Manchmal stand Tau in ihnen.

Einmal sagte er zu mir:
„Ich muß früh sterben.“

Da weinten wir beide
Wie nach seinem Begräbnis.

Seitdem lagen seine Hände
Oft in den meinen.

Immer hab ich sie gestreichelt,
Bis sie die Waffe ergriffen.

Als ich Tristan kennen lernte –

O,
Du mein Engel,
Wir schweben nur noch
In holden Wolken.

Ich weiß nicht, ob ich lebe
Oder süß gestorben bin
In deinem Herzen.

Immer feiern wir Himmelfahrt
Und viel, viel Schimmer.

Goldene Heiligenbilder
Sind deine Augen.

Sage – wie ich bin?
Überall wollen Blumen aus mir.

An den Gralprinzen

Wenn wir uns ansehn,
Blühn unsere Augen.

Und wie wir staunen
Vor unseren Wundern – nicht?
Und alles wird so süß.

Von Sternen sind wir eingerahmt
Und flüchten aus der Welt.

Ich glaube wir sind Engel.

An den Prinzen Tristan

Auf deiner blauen Seele
Setzen sich die Sterne zur Nacht.

Man muß leise mit dir sein,
O, du mein Tempel,
Meine Gebete erschrecken dich;

Meine Perlen werden wach
Von meinem heiligen Tanz.

Es ist nicht Tag und nicht Stern,
Ich kenne die Welt nicht mehr,
Nur dich – alles ist Himmel.

An den Ritter aus Gold

Du bist alles was aus Gold ist
In der großen Welt.

Ich suche deine Sterne
Und will nicht schlafen.

Wir wollen uns hinter Hecken legen,
Uns niemehr aufrichten.

Aus unseren Händen
Süße Träumerei küssen.

Mein Herz holt sich
Von deinem Munde Rosen.

Meine Augen lieben dich an,
Du haschst nach ihren Faltern.

Was soll ich tun,
Wenn du nicht da bist.

Von meinen Lidern
Tropft schwarzer Schnee;

Wenn ich tot bin,
Spiele du mit meiner Seele.

An den Ritter

Gar keine Sonne ist mehr,
Aber dein Angesicht scheint.

Und die Nacht ohne Wunder,
Du bist mein Schlummer.

Dein Auge zuckt wie Sternschnuppe –
Immer wünsche ich mir etwas.

Lauter Gold ist dein Lachen,
Mein Herz tanzt in den Himmel.

Wenn eine Wolke kommt –
Sterbe ich.

An Tristan

Ich kann nicht schlafen mehr,
Immer schüttelst du Gold über mich.

Und eine Glocke ist mein Ohr,
Wem vertraust du dich?

So hell wie du,
Blühen die Sträucher im Himmel.

Engel pflücken sich dein Lächeln
Und schenken es den Kindern.

Die spielen Sonne damit
Ja ...

Gottfried Benn

Der hehre König Giselheer
Stieß mit seinem Lanzenspeer
Mitten in mein Herz.

O, deine Hände

Sind meine Kinder.
Alle meine Spielsachen
Liegen in ihren Gruben.

Immer spiel ich Soldaten
Mit deinen Fingern, kleine Reiter,
Bis sie umfallen.

Wie ich sie liebe
Deine Bubenhände, die zwei.

Giselheer dem Heiden

Ich weine –
Meine Träume fallen in die Welt.

In meine Dunkelheit
Wagt sich kein Hirte.

Meine Augen zeigen nicht den Weg
Wie die Sterne.

Immer bettle ich vor deiner Seele;
Weißt du das?

Wär ich doch blind –
Dächte dann, ich läg in deinem Leib.

Alle Blüten täte ich
Zu deinem Blut.

Ich bin vielreich,
Niemandwer kann mich pflücken;

Oder meine Gaben tragen
Heim.

Ich will dich ganz zart mich lehren;
Schon weißt du mich zu nennen.

Sieh meine Farben,
Schwarz und stern

Und mag den kühlen Tag nicht,
Der hat ein Glasauge.

Alles ist tot,
Nur du und ich nicht.

Giselheer dem Knaben

An meiner Wimper hängt ein Stern
Es ist so hell
Wie soll ich schlafen –

Und möchte mit dir spielen.
– Ich habe keine Heimat –
Wir spielen König und Prinz.

Giselheer dem König

Ich bin so allein
Fänd ich den Schatten
Eines süßen Herzens.

– Oder mir jemand
Einen Stern schenkte –

Immer fingen ihn
Die Engel auf
So hin und her.

Ich fürchte mich
Vor der schwarzen Erde.
Wie soll ich fort?

Möchte in den Wolken
Begraben sein,
Überall wo Sonne wächst,

Liebe dich so!
Du mich auch?
Sag es doch – – –

Lauter Diamant

Ich hab in deinem Antlitz
Meinen Sternenhimmel ausgeträumt.

Alle meine bunten Kosenamen
Gab ich dir,

Und legte die Hand
Unter deinen Schritt,

Als ob ich dafür
Ins Jenseits käme.

Immer weint nun
Vom Himmel deine Mutter,

Da ich mich schnitzte
Aus deinem Herzfleische,

Und du so viel Liebe
Launisch verstießest.

Dunkel ist es –
Es flackert nur noch
Das Licht meiner Seele.

Das Lied des Spielprinzen

Wie kann ich dich mehr noch lieben?
Ich sehe den Tieren und Blumen
Bei der Liebe zu.

Küssen sich zwei Sterne,
Oder bilden Wolken ein Bild –
Wir spielten es schon zarter.

Und deine harte Stirne,
Ich kann mich so recht an sie lehnen,
Sitz drauf wie auf einem Giebel.

Und in deines Kinnes Grube
Bau ich mir ein Raubnest –
Bis – du mich aufgefressen hast.

Find dann einmal morgens
Nur noch meine Kniee,
Zwei gelbe Skarabäen für eines Kaisers Ring.

Hinter Bäumen berg ich mich

Bis meine Augen ausgeregnet haben,

Und halte sie tief verschlossen,
Daß niemand dein Bild schaut.

Ich schlang meine Arme um dich
Wie Gerank.

Bin doch mit dir verwachsen,
Warum reißt du mich von dir?

Ich schenkte dir die Blüte
Meines Leibes,

Alle meine Schmetterlinge
Scheuchte ich in deinen Garten.

Immer ging ich durch Granaten,
Sah durch dein Blut

Die Welt überall brennen
Vor Liebe.

Nun aber schlage ich mit meiner Stirn
Meine Tempelwände düster.

O du falscher Gaukler,
Du spanntest ein loses Seil.

Wie kalt mir alle Grüße sind,
Mein Herz liegt bloß,

Mein rot Fahrzeug
Pocht grausig.

Bin immer auf See
Und lande nicht mehr.

Giselheer dem Tiger

Über dein Gesicht schleichen die Dschungeln.
O, wie du bist!

Deine Tigeraugen sind süß geworden
In der Sonne.

Ich trag dich immer herum
Zwischen meinen Zähnen.

Du mein Indianerbuch,
Wild West,
Siouxhäuptling!

Im Zwielicht schmachte ich
Gebunden am Buxbaumstamm –

Ich kann nicht mehr sein
Ohne das Skalpspiel.

Rote Küsse malen deine Messer
Auf meine Brust –

Bis mein Haar an deinem Gürtel flattert.

Klein Sterbelied

So still ich bin,
All Blut rinnt hin.

Wie weich umher.
Nichts weiß ich mehr.

Mein Herz noch klein,
Starb leis an Pein.

War blau und fromm!
O Himmel, komm.

Ein tiefer Schall –
Nacht überall.

O Gott

Überall nur kurzer Schlaf
Im Mensch, im Grün, im Kelch der Winde.
Jeder kehrt in sein totes Herz heim.

– Ich wollt die Welt war noch ein Kind –
Und wüßte mir vom ersten Atem zu erzählen.

Früher war eine große Frömmigkeit am Himmel,
Gaben sich die Sterne die Bibel zu lesen.
Könnte ich einmal Gottes Hand fassen
Oder den Mond an seinem Finger sehn.

O Gott, o Gott, wie weit bin ich von dir!

Höre

Ich raube in den Nächten
Die Rosen deines Mundes,
Daß keine Weibin Trinken findet.

Die dich umarmt,
Stiehlt mir von meinen Schauern,
Die ich um deine Glieder malte.

Ich bin dein Wegrand.
Die dich streift,
Stürzt ab.

Fühlst du mein Lebtum
Überall
Wie ferner Saum?

Palmenlied

O du Süßgeliebter,
Dein Angesicht ist mein Palmengarten,
Deine Augen sind schimmernde Nile
Lässig um meinen Tanz.

In deinem Angesicht sind verzaubert
Alle die Bilder meines Blutes,
Alle die Nächte, die sich in mir gespiegelt haben.

Wenn deine Lippen sich öffnen,
Verraten sie meine Seligkeiten.

Immer dieses Pochen nach dir –
Und hatte schon geopfert meine Seele.

Du mußt mich inbrünstig küssen,
Süßerlei Herzspiel;
Wir wollen uns im Himmel verstecken.

O du Süßgeliebter.

Verinnerlicht

Ich denke immer ans Sterben,
Mich hat niemand lieb.

Ich wollt ich wär still Heiligenbild
Und alles in mir ausgelöscht.

Träumerisch färbte Abendrot
Meine Augen wund verweint.

Weiß nicht wo ich hin soll
Wie überall zu dir.

Bist meine heimliche Heimat
Und will nichts Leiseres mehr.

Wie blühte ich gern süß empor
An deinem Herzen himmelblau –

Lauter weiche Wege
Legte ich um dein pochend Haus.

Nur Dich

Der Himmel trägt im Wolkengürtel
Den gebogenen Mond.

Unter dem Sichelbild
Will ich in deiner Hand ruhn.

Immer muß ich wie der Sturm will,
Bin ein Meer ohne Strand.

Aber seit du meine Muscheln suchst,
Leuchtet mein Herz.

Das liegt auf meinem Grund
Verzaubert.

Vielleicht ist mein Herz die Welt,
Pocht –

Und sucht nur noch dich –
Wie soll ich dich rufen?

Dem Barbaren

Deine rauhen Blutstropfen
Süßen auf meiner Haut.

Nenne meine Augen nicht Verräterinnen,
Da sie deine Himmel umschweben;

Ich lehne lächelnd an deiner Nacht
Und lehre deine Sterne spielen.

Und trete singend durch das rostige Tor
Deiner Seligkeit.

Ich liebe dich und nahe weiß
Und verklärt auf Wallfahrtzehen.

Trage dein hochmütiges Herz,
Den reinen Kelch den Engeln entgegen.

Ich liebe dich wie nach dem Tode
Und meine Seele liegt über dich gebreitet –

Meine Seele fing alle Leiden auf,
Dich erschüttern ihre schmerzlichen Bilder.

Aber so viele Rosen blühen,
Die ich dir schenken will;

O, ich möchte dir alle Gärten bringen
In einem Kranz.

Immer denke ich an dich,
Bis die Wolken sinken;

Wir wollen uns küssen –
Nicht?

Dem Barbaren

Ich liege in den Nächten
Auf deinem Angesicht.

Auf deines Leibes Steppe
Pflanze ich Zedern und Mandelbäume.

Ich wühle in deiner Brust unermüdlich
Nach den goldenen Freuden Pharaos.

Aber deine Lippen sind schwer,
Meine Wunder erlösen sie nicht.

Hebe doch deine Schneehimmel
Von meiner Seele –

Deine diamantnen Träume
Schneiden meine Adern auf.

Ich bin Joseph und trage einen süßen Gürtel
Um meine bunte Haut.

Dich beglückt das erschrockene Rauschen
Meiner Muscheln.

Aber dein Herz läßt keine Meere mehr ein.
O du!

O ich möcht aus der Welt

Dann weinst du um mich.
Blutbuchen schüren
Meine Träume kriegerisch.

Durch finster Gestrüpp
Muß ich
Und Gräben und Wasser.

Immer schlägt wilde Welle
An mein Herz;
Innerer Feind.

O ich möchte aus der Welt!
Aber auch fern von ihr
Irr ich, ein Flackerlicht

Um Gottes Grab.

Hans Adalbert von Maltzahn

Der Freiherr mußte Vicemalik sein
In meiner bunten Thebenstadt,
Als ich nach Rußland zog,
Prinz Sascha zu befrein.

An Hans Adalbert

Wenn du sprichst
Blühen deine Worte auf in meinem Herzen.

Über deine hellen Haare
Schweben meine Gedanken schwarzhin.

Du bist ganz aus Süderde und Liebe
Und Stern und Taumel.

Ich aber bin lange schon gestorben.
O, du meine Himmelsstätte ...

Dem Herzog von Leipzig

Deine Augen sind gestorben;
Du warst so lange auf dem Meer.

Aber auch ich bin
Ohne Strand.

Meine Stirne ist aus Muschel.
Tang und Seestern hängen an mir.

Einmal möchte ich mit meiner ziellosen Hand
Über dein Gesicht fassen,

Oder eine Eidechse über deine Lippen
Liebentlang mich kräuseln.

Weihrauch strömt aus deiner Haut,
Und ich will dich feiern,

Dir bringen meine Gärten,
Überall blüht mein Herz bunt auf.

Aber Deine Brauen sind Unwetter ...

In der Nacht schweb ich ruhlos am Himmel
Und werde nicht dunkel vom Schlaf.

Um mein Herz schwirren Träume
Und wollen Süßigkeit.

Ich habe lauter Zacken an den Randen,
Nur du trinkst Gold unversehrt.

Ich bin ein Stern
In der blauen Wolke deines Angesichts.

Wenn mein Glanz in deinem Auge spielt,
Sind wir eine Welt.

Und würden entschlummern verzückt –
Aber deine Brauen sind Unwetter.

Du machst mich traurig – Hör

Bin so müde.
Alle Nächte trag ich auf dem Rücken
Auch deine Nacht,
Die du so schwer umträumst.

Hast du mich lieb?
Ich blies dir arge Wolken von der Stirn
Und tat ihr blau.

Was tust du mir in meiner Todesstunde?

Paul Leppin

Der König von Böhmen
Schenkte mir seine Dichtung Daniel Jesus.
Ich schlug sie auf und las: Der lieben, lieben, lieben, lieben

Prinzessin
Ich schrieb ihm auf einen himmelblauen
Bogen: Süßer Daniel Jesus Paul.

Dem König von Böhmen

Ich frage nicht mehr –
Ich weiß wer auf den Sternen wohnt ...

Mein Herz sinkt tief in die Nacht.
So sterben Liebende
Immer an zärtlichen Himmeln vorbei;

Und atmen wieder dem Morgen entgegen
Auf frühleisen Schweben.
Ich aber wandele mit den heimkehrenden Sternen.

Und ich habe viele schlafende Knospen ausgelöscht,
Will ihr Sterben nicht sehn,
Wenn die Rosenhimmel tanzen.

Aus dem Gold meiner Stirne leuchtet der Smaragd,
Der den Sommer färbt.
Ich bin eine Prinzessin.

Mein Herz sinkt tief in die Nacht
An Liebende vorbei.

Dem Daniel Jesus Paul

Du es ist Nacht –
Wir wollen unsere Sehnsucht teilen,
Und in die Goldgebilde blicken.

Vor meinem Herzen sitzt immer eine Tote
Und bettelt um Almosen.

Und summt meine Lieder
Schon einen weißgewordenen Sommer lang.

Über den Grabweg hinweg
Wollen wir uns lieben,

Tollkühne Knaben,
Könige, die sich nur mit dem Szepter berühren!

Frage nicht – ich lausche
Deiner Augen Rauschehonig.

Die Nacht ist eine weiche Rose,
Wir wollen uns in ihren Kelch legen,

Immer ferner versinken,
Ich bin müde vom Tod!

An zwei Freunde

Ich blicke nachts in euren stillen Stern.
Es schwimmen Tränen braun um meinen Mandelkern
Und meine Schellen spielen süß am Kleiderrand.

Ich trage einen wilden Kork im Ohrlapp,
Und Monde tätowiert auf meiner Hand.
Versteinte Käfer fallen von der Schnur ab.

Ich liebe euer glitzernd Zackenland,
Und sehne mich nach goldnem Edelpunsche,
Aufglimme unsichtbar in eurem Wunsche.

Laurencis

Ich gab dir einen Namen
Wie eine fromme Guirlande.

Darum will ich ihn
Nur immer liebend rufen.

Du siehst mich golden schimmern
Durch mein Abendherz.

Und nicht so trübe
Wie der Nebel es staubfällig färbt.

Meine Seele spielte Auferstehn,
Wenn Augen wie schlafende Täler lagen.

Und ich kenne alle Engel,
Denen habe ich von dir erzählt.

Es blüht die Aster meines Mundes
Mit deiner Lippen Rittersporn.

Und ich wache vor unserer Liebe
Denn ihre Küsse sollen Knospen bleiben.

Abschied

Aber du kamst nie mit dem Abend –
Ich saß im Sternenmantel.

... Wenn es an mein Haus pochte,
War es mein eigenes Herz.

Das hängt nun an jedem Türpfosten,
Auch an deiner Tür;

Zwischen Farren verlöschende Feuerrose
Im Braun der Guirlande.

Ich färbte dir den Himmel brombeer
Mit meinem Herzblut.

Aber du kamst nie mit dem Abend –
... Ich stand in goldenen Schuhen.

Savary le duc

Wie Perlen hängen seine Bilder
Schaumleicht an seidenen Wänden aufgereiht.

Mit goldenem Harz der Hagebutten
Und Rosenseime,
Malt er der Prinzen Liebeskleid.

Um ihren zarten Schultern tragen sie
An Ketten – Souvenir – im Medaillon
Verzückt des Freundes Paradeis.

Und ihre Hände spielen mit den Bächen
Und feinen Blumenstengeln
Und dem jungen Reis.

Und necken gern den Ziegenbock.
Glasäugig lauscht die graue Geiß.

Und ihre Leiber lieben sich
Wie süßgeblühte Bohnenstöcke,
Die sich bewegen kaum in ihrer Adeligkeit.

Unser Liebeslied

Unter der Wehmut der Esche
Lächeln die Augen meiner Freundin.

Und ich muß weinen
Überall wo Rosen aufblühn.

Wir hören beide unseren Namen nicht –
Immer Nachtwandlerinnen zwischen den bunten Jünglingen.

Meine Freundin gaukelt mit dem Mond,
Unserm Sternenspiel folgen Erschrockene nach.

O, unsere Schwärmerei berauscht
Die Straßen und Plätze der Stadt.

Alle Träume lauschen gebannt hinter den Hecken
Kann nicht Morgen werden –

Und die seidige Nacht uns beiden
Tausendmalimmer um den Hals geschlungen.

Wie ich mich drehen muß!

Und meine Freundin küßt taumelnd den Rosigtau
Unter dem Düster des Trauerbaums.

Abdul Antinous

Deine Schlankheit fließt wie dunkles Geschmeide.
O du meine wilde Mitternachtssonne,
Küsse mein Herz, meine rotpochende Erde.

Wie groß aufgetan deine Augen sind –
Du hast den Himmel gesehn
So nah, so tief.

Und ich habe auf deiner Schulter
Mein Land gebaut –
Wo bist du?

Zögernd wie dein Fuß ist der Weg –
Sterne werden meine Blutstropfen ...
Du, ich liebe dich, ich liebe dich.

Pablo

Pablo nachts höre ich die Palmenblätter
Unter deinen Füßen rascheln.

Manchmal muß ich sehr weinen
Um dich vor Glück –

Dann wächst ein Lächeln
Auf deinem lässigen Lide.

Oder es geht dir eine seltene Freude auf:
Deines Herzens schwarze Aster.

Immer wenn du an Gärten vorbei
Das Ende deines Weges erblickst, Pablo,

– Es ist mein ewiger Liebesgedanke,
Der zu dir will.

Und oft wird Schimmer vom Himmel fallen,
Denn es sucht dich am Abend mein goldener Seufzer.

Bald kommt der schmachtende Monat
Über deine holde Stadt;

Unter dem Gartenbaum hängen
Wie bunte Trauben die Vögelscharen,

Und auch ich warte verzaubert
Von Traum behangen.

Du stolzer Eingeborener, Pablo,
Von deinem Angesicht atme ich fremde Liebeslaute;

In deiner Schläfe aber will ich meinen Glücksstern pflanzen,
Mich berauben meiner leuchtenden Blüte.

Ich träume so leise von Dir

Immer kommen am Morgen schmerzliche Farben,
Die sind wie deine Seele.

O, ich muß an dich denken,
Und überall blühen so traurige Augen.

Und ich habe dir doch von großen Sternen erzählt,
Aber du hast zur Erde gesehn.

Nächte wachsen aus meinem Kopf,
Ich weiß nicht wo ich hin soll.

Ich träume so leise von dir,
Weiß hängt die Seide schon über meinen Augen.

Warum hast du nicht um mich
Die Erde gelassen – sage?

Abschied

Ich wollte dir immerzu
Viele Liebesworte sagen,

Nun suchst du ruhlos
Nach verlorenen Wundern.

Aber wenn meine Spieluhren spielen
Feiern wir Hochzeit.

O, deine süßen Augen
Sind meine Lieblingsblumen.

Und dein Herz ist mein Himmelreich
Laß mich hineinschaun.

Du bist ganz aus glitzernder Minze
Und so weich versonnen.

Ich wollte dir immerzu
Viele Liebesworte sagen,

Warum tat ich das nicht?

Der Mönch

In deinem Blick schweben
Alle Himmel zusammen.

Immer hast du die Madonna angesehn,
Darum sind deine Augen überirdisch.

Und mein Herz wird ein Weihbecken,
Besterne dich mit meinem Blut;

Ich will der Tau deiner Frühe sein,
Deiner Abendsehnsucht pochendes Amen.

Du bist heilig zwischen bösem Tanz
Und schrillen Flöten.

Gottes Nachtigall bist du
In seinem Hirtentraum.

Deine Sünden wurden Musik,
Die bewegt süß meine Züge;

Deine Tränen tranken schlafende Blumen,
Die wieder Paradies werden sollen.

Ich liebe dich zauberisch wie im Spiegel des Bachs
Oder fern im wolkengerahmten Blau.

Dem Mönch

Ich taste überall nach deinem Schein.
Suchst du mich auch?

In meiner Stirne leuchtet
Der erblaßte Stern wieder,

Und sehe dich nur in der Welt,
Dein Lächeln immerfort.

Unsere himmelweißen Herzen
Erglühen im Schlaf.

O wir möchten uns küssen,
Aber es wäre wie Mord.

Ich stehe ganz bunt am Granatbaum
In einem Bilderbuch.

Manchmal schaust du auf mich –
Dann singen die Junivögel.

Dem Mönch

Meine Zehen wurden Knospen.
– Sieh, so komm ich zu dir.

Du bist am Rand über dem Tal
Die leuchtende Großkornblume;

Mit deinem Glück färbt sich
Der Himmel die Wangen blau.

Immer öffnet sich mein Wesen –
– Bin eine glitzernde Nische,

Aber du kommst nie zu deiner Anbetung,
Und morgen ist ewige Nacht.

Meine Sehnsucht ist im Sturm meiner Augen
Lange schon verwittert,

Die Korallen in meinem Blut
Sind ganz erblaßt.

Zwischen Dunkelheit verlischt mein Leben
Im scheidenden Antlitz des Mondes.

Ein Lied

Hinter meinen Augen stehen Wasser,
Die muß ich alle weinen.

Immer möcht ich auffliegen,
Mit den Zugvögeln fort;

Buntatmen mit den Winden
In der großen Luft.

O ich bin so traurig – – – –
Das Gesicht im Mond weiß es.

Drum ist viel samtne Andacht
Und nahender Frühmorgen um mich.

Als an deinem steinernen Herzen
Meine Flügel brachen,

Fielen die Amseln wie Trauerrosen
Hoch vom blauen Gebüsch.

Alles verhaltene Gezwitscher
Will wieder jubeln,

Und ich möchte auffliegen
Mit den Zugvögeln fort.

Heimlich zur Nacht

Ich habe dich gewählt
Unter allen Sternen.

Und bin wach – eine lauschende Blume
Im summenden Laub.

Unsere Lippen wollen Honig bereiten,
Unsere schimmernden Nächte sind aufgeblüht.

An dem seligen Glanz deines Leibes
Zündet mein Herz seine Himmel an –

Alle meine Träume hängen an deinem Golde,
Ich habe dich gewählt unter allen Sternen.

St. Peter Hille

war eine Welt,
Meteor stieß er von sich.

Richard Dehmel

Aderlaß und Transfusion zugleich;
Blutgabe deinem Herzen geschenkt.

Ein finsterer Pflanzer ist er,
Dunkel fällt sein Korn und brüllt auf.

Immer Zickzack durch sein Gesicht,
Schwarzer Blitz.

Über ihm steht der Mond doppelt vergrößert.

Franz Werfel

Ein entzückender Schuljunge ist er;
Lauter Lehrer spuken in seinem Lockenkopf.

Sein Name ist so mutwillig:
Franz Werfel.

Immer schreib ich ihm Briefe,
Die er mit Klecksen beantwortet.

Aber wir lieben ihn alle
Seines zarten, zärtlichen Herzens wegen.

Sein Herz hat Echo,
Pocht verwundert.

Und fromm werden seine Lippen
Im Gedicht.

Manches trägt einen staubigen Turban.
Er ist der Enkel seiner eigenen Verse.

Doch auf seiner Lippe
Ist eine Nachtigall gemalt.

Mein Garten singt,
Wenn er ihn verläßt.

Freude streut seine Stimme
Über den Weg.

Herodes. V. Aufzug

Hinter deiner stolzen, ewigen Wimper gingen wir unter.
Schwermütige Sterne brannten auf deinem Lide.

Deine große Hand beugte das Meer
Und brach ihm die Perlen vom Grund.

Die Wüste war dein Schild
In der Schlacht.

An dich dürfen nur Dichter und Dichterinnen denken.
Mit dir nur Könige und Königinnen trauern.

Alle Leiber der Stadt ringeln sich
Giftig um deinen Leib.
Deine Schwester bespie den Traumstein deiner Liebe.

Du, ein beraubter Palast,
Judas schwankende Säule,
Völker bedrohend.

So arg mag nur ein Schöpfer lichtmitten
Seiner Reiche zerbersten.

Karl Vogt

Der ist aus Gold –
Wenn er auf die Bühne tritt,
Leuchtet sie.

Seine Hand ist ein Szepter,
Wenn sie Regie führt.

Den Trauerspielen Strindbergs
Setzt er Kronen auf,

Aus den Dichtungen Ibsens
Holt er die schwarzen Perlen all.

Er kann nur selbst den König spielen
Im Spiel.

Morgen wird er König sein –
Ich freu mich.

Paul Zech

Sing Groatvatter woar dat verwunschene Bäuerlein
Aus Grimm sinne Märchens.

Der Enkelsonn ist ein Dichter.
Paul Zech schreibt mit der Axt seine Verse.

Man kann sie in die Hand nehmen,
So hart sind die.

Sein Vers wird zum Geschick
Und zum murrenden Volk.

Er läßt Qualm durch sein Herz dringen;
Ein düsterer Beter.

Aber seine Kristallaugen blicken
Unzählige Male den Morgen der Welt.

Peter Baum

Er war des Tannenbaums Urenkel,
Unter dem die Herren zu Elberfeld Gericht hielten.

Und freute sich an jedes glitzernd Wort
Und ließ sich feierlich plündern.

Dann leuchteten die beiden Saphire
In seinem fürstlichen Gesicht.

Immer drängte ich, wenn ich krank lag,
„Peter Baum soll kommen!!“

Kam er, war Weihnachten –
Ein Honigkuchen wurde dann mein Herz.

Wie konnten wir uns freuen!
Beide ganz egal.

Und oft bewachte er
Im Sessel schmausend meinen Schlummer.

Rote und gelbe Cyllaxbonbons aß er so gern;
Oft eine ganze Schüssel leer.

Nun schlummert unser lieber Pitter
Schon ewige Nächte lang.

„Wenn ich Euch alle glücklich erst
Im Himmel hätte –“

Sagte einmal gläubig zu den Söhnen
Seine Mutter.

Nun ist der Peter fern bewahrt
Im Himmel.

Und um des Dichters Riesenleib auf dem Soldatenkirchhof
Wächst sanft die Erde pietätvoll.

Georg Trakl

Georg Trakl erlag im Krieg von eigener Hand gefällt.
So einsam war es in der Welt. Ich hatt ihn lieb.

Georg Trakl

Seine Augen standen ganz fern.
Er war als Knabe einmal schon im Himmel.

Darum kamen seine Worte hervor
Auf blauen und auf weißen Wolken.

Wir stritten über Religion,
Aber immer wie zwei Spielgefährten,

Und bereiteten Gott von Mund zu Mund.
Im Anfang war das Wort.

Des Dichters Herz, eine feste Burg,
Seine Gedichte: Singende Thesen.

Er war wohl Martin Luther.

Seine dreifaltige Seele trug er in der Hand,
Als er in den heiligen Krieg zog.

– Dann wußte ich, er war gestorben –

Sein Schatten weilte unbegreiflich
Auf dem Abend meines Zimmers.

Alice Trübner

Ihr Angesicht war aus Mondstein,
Darum mußte sie immer träumen.

Durch die Seide ihrer Ebenholzhaare
Schimmerte Tausendundeinenacht.

Ihre Augen weihsagten.
Ein goldenes Bibelblatt war ihr Herz.

Sie thronte einen Himmel hoch
Über die Freunde.

O sie war eine Sternin –
Schimmer streute sie von sich.

Eine Herzogin war sie
Und krönte den armseligsten Gast.

Manchmal aber kam sie vom West:
Ein Wetter in Blitzfarben;

Die sind gefangen über Burgzacken
Im harten Rahmen.

Ihre Bilder viele,
Pietätvolle, bunte Briefe;

Manche aufbewahrt unter Glas
An den Wänden.

Aber auch Gläser und Gräser
Malte Alice Trübner.

Irgendwo zwischen sitzt ein Schelm,
Ein altmodisch dicker Puppenporzellankopf.

Oder sie malte huldvoll die Köchin
Als Frau Lucullus gelassen im Lehnstuhl.

Verwandelte strotzende Früchte in Rosen
Auf weißem Damast.

O, sie war eine Zauberin.

Georg Grosz

Manchmal spielen bunte Tränen
In seinen äschernen Augen.

Aber immer begegnen ihm Totenwagen,
Die verscheuchen seine Libellen.

Er ist abergläubig –
– Ward unter einem großen Stern geboren –

Seine Schrift regnet,
Seine Zeichnung: Trüber Buchstabe.

Wie lange im Fluß gelegen,
Blähen seine Menschen sich auf.

Mysteriöse Verlorene mit Quappenmäulern
Und verfaulten Seelen.

Fünf träumende Totenfahrer
Sind seine silbernen Finger.

Aber nirgendwo ein Licht im verirrten Märchen
Und doch ist er ein Kind,

Der Held aus dem Lederstrumpf
Mit dem Indianerstamm auf Duzfuß.

Sonst haßt er alle Menschen,
Sie bringen ihm Unglück.

Aber Georg Grosz liebt sein Mißgeschick
Wie einen anhänglichen Feind.

Und seine Traurigkeit ist dionysisch,
Schwarzer Champagner seine Klage.

Er ist ein Meer mit verhängtem Mond,
Sein Gott ist nur scheintot.

Heinrich Maria Davringhausen

– Wie er daherkommt –
Trojanischer junger Priester
Auf grabaltem Holzgefäß.

Zwei Nachtschatten schlaftrinken
In seinem Mahagonikopf,
Seine Lippen küßte ein Gottmädchen hold.

– Wie er gefalten aufstrebt –
Immer tragen seine Schultern
Ehrfürchtigen Samt.

Seine Füße schreiten
Nur über gepflegte Wege,
Stolperten nie über Gestrüpp.

– Wie er gottverhalten ist –
Aus jedem Bild, das er malt,
Blickt allfarbig der Schöpfer.

Milly Steger

Milly Steger ist eine Bändigerin,
Haut Löwen und Panther in Stein.

Vor dem Spielhaus in Elberfeld
Stehen ihre Großgestalten;

Böse Tolpatsche, ernste Hännesken,
Clowne, die mit blutenden Seelen wehen.

Aber auch Brunnen, verschwiegene Weibsmopse
Zwingt Milly rätselhaft nieder.

Manchmal schnitzt die Gulliverin
Aus Zündhölzchen Adam und hinterrücks sein Weib.

Dann lacht sie wie ein Apfel;
Im stahlblauen Auge sitzt der Schalk.

Milly Steger ist eine Büffelin an Wurfkraft;
Freut sie sich auch an dem blühenden Kern der Büsche.

Leo Kestenberg

Seine Hände zaubern Musik durch stille Zimmer.
Zwischen uns sitzt dann der ehrwürdige Mond
Goldbehäbig im Lehnstuhl
Und versöhnt uns mit der Welt.

Wenn Leo Kestenberg Flügel spielt,
Ist er ein heiliger Mann;
Erweckt Liszt aus steinernem Schlaf,
Bach feiert Himmelfahrt.

Mit Schumann wird Leo ein Kind
Und Schwärmer am Süßfeuer Chopins.

Der dunkle Flügel verwandelt sich aber zur Orgel
Wenn Kestenberg eigene Rosen spielt.
Sein schweres Ebenholzherz frommütig aufhebt
Und weicher Musikregen uns durchrieselt.

Ludwig Hardt

Seiner Heimat Erde ruht
An keiner Bergwand aus;

Ein weiter, weiter Schemel –
Friesland.

Ungehemmt wettern die Wetter
Und die stürmenden Gemüter dort.

Im lüttchen Städtchen Weener
Hockt Ludwigs zottigsteinern Elternnest.

Da einmal flog er mit den Herbstvögeln
Fort über die Ems.

Von hoher Vogelreinheit inbrünstig
Ohne Makel klopft sein Herz.

Und geharnischt ist seine Nase,
Seidene Spenderinnen die feinen Lippen,

Wenn sie die Verse Maria
Rainer Rilkes gastlich reichen.

Werden Rittersporn
In Liliencrons Balladengesängen;

Flattern wie Möven auf,
Lauter „Emmas", wenn er entzückend

Uns mit Morgensterns
– frei nach Hardt – „kosmischer Meschuggas" beschenkt.

O, Ludwig Hardt liebt seine Dichter,
Die er spricht.

Und vermählt sich mit den Gedichten,
Die er schlicht zu sagen versteht.

Nie deklamiert er!
Das ist es eben.

Und der Paul Graetz

Der war der Großvatter in meinem Wupperkreise,
Um ihn hat sichs ja eigentlich gedreht.

Im himmelblauen Schlummerrock aus dem Gehäuse
„Tum Tingelingeling“ schlich er noch mit dem Enkel spät.
Und unvergleichlich wieherte Paul Graetz in eigenartiger Weise,
Een ollet kränklich Roß, dat an der Seite tugenäht.

Hans Heinrich von Twardowsky

Ein Flamingo holte sich als Spielzeug
Den Hans Heinrich aus dem Teich.

Der Mondmann tanzt im goldenen Frack
Mit seinen Sternen Zick und Zack
Wenn Heinrich reimt im Chapeau Claque
In unserer Tacktick.

Er dichtet bis in Herrgottsfrüh
Liebenswürdige Parodie
Wolkenleicht und voll Esprit.

Glücklich schlägt seine Zuckeruhr;
Seine Augen lassen blaue Spur,
Adelige Vergißmeinnie.

Wilhelm Schmidtbonn

Er ist der Dichter, dem der Schlüssel
Zur Steinzeit vermacht wurde.

Adam den Urkäfer trägt er,
Ein Skarabäus im Ring.

Wilhelm Schmidtbonn erzählt vom Paradies;
Reißt den verlogenen Nebel vom Baum:
Stolz blüht die Dolde der Erkenntnis.

Sein markisches Gesicht strömt immer
Zwei dämmerblaue Kräfte aus.

Er ist aus Laub und Rinde,
Morgenfrühe und Kentauerblut.

Wie oft schon ließ er sich zur Ader
Seine Werke zu tränken.
Sein neustes Versspiel stiert aus Einauge.

Theodor Däubler

Zwischen dem Spalt seiner Augen
Fließt dunkeler Golf.

Auf seinen Schultern trägt er den Mond
Durch die Wolken der Nacht.

Die Menschen werden Sterne um ihn
Und beginnen zu lauschen.

Er ist ungetrübt vom Ursprung,
Klar spiegelt sich das blaue Eden.

Er ist Adam und weiß alle Wesen
Zu rufen in der Welt.

Beschwört Geist und Getier
Und sehnt sich nach seinen Söhnen.

Schwer prangen an ihm Granatäpfel
Und spätes Geflüster der Bäume und Sträucher,

Aber auch das Gestöhn gefällter Stämme
Und die wilde Anklage der Wasser.

Es sammeln sich Werwolf und weißer Lawin,
Sonne und süßes Gehänge, viel, viel Wildweinlaune.

Evviva dir, Fürst von Triest!!

Franz Marc

Der blaue Reiter ist gefallen, ein Großbiblischer, an dem der Duft Edens hing. Über die Landschaft warf er einen blauen Schatten. Er war der, welcher die Tiere noch reden hörte; und er verklärte ihre unverstandenen Seelen. Immer erinnerte mich der blaue Reiter aus dem Kriege daran: es genügt nicht alleine, zu den Menschen gütig zu sein, und was du namentlich an den Pferden, da sie unbeschreiblich auf dem Schlachtfeld leiden müssen, Gutes tust, tust du mir.

Er ist gefallen. Seinen Riesenkörper tragen große Engel zu Gott, der hält seine blaue Seele, eine leuchtende Fahne, in seiner Hand. Ich denke an eine Geschichte im Talmud, die mir ein Priester erzählte: wie Gott mit den Menschen vor dem zerstörten Tempel stand und weinte. Denn wo der blaue Reiter ging, schenkte er Himmel. So viele Vögel fliegen durch die Nacht, sie können noch Wind und Atem spielen, aber wir wissen nichts mehr hier unten davon, wir können uns nur noch zerhacken oder gleichgültig aneinander vorbeigehen. In dieser Nüchternheit erhebt sich drohend eine unermeßliche Blutmühle, und wir Völker alle werden bald zermahlen sein. Schreiten immerfort über wartende Erde. Der blaue Reiter ist angelangt; er war noch zu jung zu sterben.

Nie sah ich irgendeinen Maler gotternster und sanfter malen wie ihn. „Zitronenochsen“ und „Feuerbüffel“ nannte er seine Tiere, und auf seiner

Schläfe ging ein Stern auf. Aber auch die Tiere der Wildnis begannen pflanzlich zu werden in seiner tropischen Hand. Tigerinnen verzauberte er zu Anemonen, Leoparden legte er das Geschmeide der Levkoje um; er sprach vom *reinen* Totschlag, wenn auf seinem Bild sich der Panther die Gazell vom Fels holte. Er fühlte wie der junge Erzvater in der Bibelzeit, ein herrlicher Jakob er, der Fürst von Kana. Um seine Schultern schlug er wild das Dickicht; sein schönes Angesicht spiegelte er im Quell und sein Wunderherz trug er oftmals in Fell gehüllt, wie ein schlafendes Knäblein heim, über die Wiesen, wenn es müde war.

Das war alles vor dem Krieg.

Franz Marc, der blaue Reiter vom Ried,
Stieg auf sein Kriegspferd.
Ritt über Benediktbeuern herab nach Unterbayern,
Neben ihm sein besonnener, treuer Nubier
Hält ihm die Waffe.
Aber um seinen Hals trägt er mein silbergeprägtes Bild
Und den todverhütenden Stein seines teuren Weibes.
Durch die Straßen von München hebt er sein biblisches Haupt
Im hellen Rahmen des Himmels.
Trost im stillenden Mandelauge,
Donner sein Herz.
Hinter ihm und zur Seite viele, viele Soldaten.

Carl Sonnenschein

Ein Engel schreitet unsichtbar durch unsere Stadt,
Zu sammeln Liebe für den Heimgekehrten,
Der noch den Nächsten – über sich – geliebet hat. –

Schon eine Träne für den Liebenswerten,
Ein Auge, das für seine Seele leuchtet,
Ein reines Wort, von deines Mundes rotem Blatt –

Für ihn, dem alle Sorgen ihr gebeichtet;
In seinem herben Tröste lag schon seine Tat.

Meine schöne Mutter

blickte immer auf Venedig

Mutter

Ein weißer Stern singt ein Totenlied
In der Julinacht.
Wie Sterbegeläut in der Julinacht.
Und auf dem Dach die Wolkenhand,
Die streifende feuchte Schattenhand
Sucht nach meiner Mutter.

Ich fühle mein nacktes Leben,
Es stößt sich ab vom Mutterland,
So nackt war nie mein Leben,
So in die Zeit gegeben,
Als ob ich abgeblüht
Hinter des Tages Ende
Zwischen weiten Nächten stände,
Alleine.

Mutter

O Mutter, wenn du leben würdest,
Dann möcht ich spielen in deinem Schoß.

Mir ist bang und mein Herz schmerzt
Von der vielen Pein.
Überall sprießt Blutlaub.

Wo soll mein Kind hin?
Ich baute keinen Pfad froh,
Alle Erde ist aufgewühlt.

Liebe, liebe Mutter.

Meiner Schwester Anna dieses Lied

Mein Herz liegt in einem Epheukranz.
Es kann nicht mehr welken,
Es kann nicht mehr blühn,
O, meine Schwester ...

Fern verglomm Todesleuchten
In ihren schönen Augen,
Die waren zwei Sternbilder,
In die Kinder blickten.

Gott, wie schwarz die Nacht war!
Keine Sonne vermag mehr
Ein Lächeln zu finden
In meinem Angesicht.

Mein Kind

Mein Kind schreit auf um die Mitternacht
Und ist so heiß aus dem Traum erwacht.

Gäb ihm so gern meines Blutes Mai,
Spräng nur mein bebendes Herz entzwei.

Der Tod schleicht im Hyänenfell
Am Himmelsstreif im Mondeshell.

Aber die Erde im Blütenkeusch
Singt Lenz im kreisenden Weltgeräusch.

Und wundersüß küßt der Maienwind
Als duftender Gottesbote mein Kind.

Meinlingchen

Meinlingchen, sieh mich an –
Dann schmeicheln tausend Lächeln mein Gesicht,
Und tausend Sonnenwinde streicheln meine Seele,
Hast wie ein Wirbelträumlein
Unter ihren Fittichen gelegen.

Nie war so lenzensüß mein Blut,
Als dich mein Odem tränkte,
Die Quellen Edens müssen so geduftet haben;
Bis dich der rote Sturm
Aus süßem Dunkel
Von meinen Herzwegen pflückte
Und dich in meine Arme legte,
In ein Bad von Küssen.

Die Pavianmutter singt ihr Paviänchen in den Schlaf

(*Wiegenliedchen*)

Schlafe, schlafe,
Mein Rosenpöpöchen,
Mein Zuckerläuschen,
Mein Goldflöhchen,

Morgen wird die Kaiserin aus Asien kommen
Mit Zucker, Schokoladen und Bombommen,

Schnell, schnell,
Haase Haase machen,
Sonst kriegt Blaumäulchen nichts von den Sachen.

Ein Ticktackliedchen für Päulchen

Mein Hämmerchen, mein Kämmerchen
Pamm pamm, pumm pumm
pamm pamm, pumm pumm

Mein Schläferchen, mein Käferchen
pumm pumm, pamm pamm,
pumm pumm, pamm pamm,

Mein Uhrchen tick, mein Türchen tack
tick tack, tick tack
knackknack, ticktack.

Antinous

Der kleine Süßkönig
Muß mit goldenen Bällen spielen.

Im bunten Brunnen
Blaugeträufel, honiggold,
Seine Spielehände kühlen.

Antinous,
Wildfang, Güldklang,
Kuchenkorn mahlen alle Mühlen.

Antinous,
Du kleiner Spielkönig,
In den Himmel fährt es schön auf Schaukelstühlen

O, wie lustige Falter seine Augen sind
Und die Schelme all in seiner Wange,
Und sein Herzchen beißt, will mans befühlen.

Der alte Tempel in Prag

Tausend Jahre zählt der Tempel schon in Prag;
Staubfällig und ergraut ist längst sein Ruhetag
Und die alten Väter schlossen seine Gitter.

Ihre Söhne ziehen nun in die Schlacht.
Der zerborstene Synagogenstern erwacht,
Und er segnet seine jungen Judenritter.

Wie ein Glücksstern über Böhmens Judenstadt,
Ganz aus Gold, wie nur der Himmel Sterne hat.
Hinter seinem Glänze beten wieder Mütter.

Mein Lied

Schlafend fällt das nächtliche Laub,
O, du stiller dunkelster Wald ...

Kommt das Licht mit dem Himmel,
Wie soll ich wach werden?
Überall wo ich gehe,
Rauscht ein dunkler Wald;

Und bin doch dein spielender Herzschelm, Erde,
Denn mein Herz murmelt das Lied
Moosalter Bäche der Wälder.

Mein stilles Lied

Mein Herz ist eine traurige Zeit,
Die tonlos tickt.

Meine Mutter hatte goldene Flügel,
Die keine Welt fanden.

Horcht, mich sucht meine Mutter,
Lichte sind ihre Finger und ihre Füße wandernde Träume.

Und süße Wetter mit blauen Wehen
Wärmen meine Schlummer

Immer in den Nächten,
Deren Tage meiner Mutter Krone tragen.

Und ich trinke aus dem Monde stillen Wein,
Wenn die Nacht einsam kommt.

Meine Lieder trugen des Sommers Bläue
Und kehrten düster heim.

– Ihr verhöhntet meine Lippe
Und redet mit ihr. –

Doch ich griff nach euren Händen,
Denn meine Liebe ist ein Kind und wollte spielen.

Und ich artete mich nach euch,
Weil ich mich nach dem Menschen sehnte.

Arm bin ich geworden
An eurer bettelnden Wohltat.

Und das Meer wird es wehklagen
Gott.

Ich bin der Hieroglyph,
Der unter der Schöpfung steht

Und mein Auge
Ist der Gipfel der Zeit;

Sein Leuchten küßt Gottes Saum.

Das Lied meines Lebens

Sieh in mein verwandertes Gesicht ...
Tiefer beugen sich die Sterne.
Sieh in mein verwandertes Gesicht.

Alle meine Blumenwege
Führen auf dunkle Gewässer,
Geschwister, die sich tödlich stritten.

Greise sind die Sterne geworden ...
Sieh in mein verwandertes Gesicht.

Gebet

Ich suche allerlanden eine Stadt,
Die einen Engel vor der Pforte hat.
Ich trage seinen großen Flügel
Gebrochen schwer am Schulterblatt
Und in der Stirne seinen Stern als Siegel.

Und wandle immer in die Nacht ...
Ich habe Liebe in die Welt gebracht –
Daß blau zu blühen jedes Herz vermag,
Und hab ein Leben müde mich gewacht,
In Gott gehüllt den dunklen Atemschlag.

O Gott, schließ um mich deinen Mantel fest;
Ich weiß, ich bin im Kugelglas der Rest,
Und wenn der letzte Mensch die Welt vergießt.
Du mich nicht wieder aus der Allmacht läßt
Und sich ein neuer Erdball um mich schließt.

Ein Lied an Gott

Es schneien weiße Rosen auf die Erde,
Warmer Schnee schmückt milde unsere Welt;
Die weiß es, ob ich wieder lieben werde,
Wenn Frühling sonnenseiden niederfällt.

Zwischen Winternächten liegen meine Träume
Aufbewahrt im Mond, der mich betreut –
Und mir gut ist, wenn ich hier versäume
Dieses Leben, das mich nur verstreut.

Ich suchte Gott auf innerlichsten Wegen
Und kräuselte die Lippe nie zum Spott.
In meinem Herzen fällt ein Tränenregen;
Wie soll ich dich erkennen lieber Gott ...

Da ich dein Kind bin, schäme ich mich nicht,
Dir ganz mein Herz vertrauend zu entfalten.
Schenk mir ein Lichtchen von dem ewigen Licht! – – –
Zwei Hände, die mich lieben, sollen es mir halten.

So dunkel ist es fern von deinem Reich
O Gott, wie kann ich weiter hier bestehen.
Ich weiß, du formtest Menschen, hart und weich,
Und weintetest gotteigen, wolltest du wie Menschen sehen.

Mein Angesicht barg ich so oft in deinem Schoß –
Ganz unverhüllt: du möchtest es erkennen.
Ich und die Erde wurden wie zwei Spielgefährten groß!
Und dürfen „du“ dich beide, Gott der Welten, nennen.

So trübe aber scheint mir gerade heut die Zeit
Von meines Herzens Warte aus gesehen;
Es trägt die Spuren einer Meereseinsamkeit
Und aller Stürme sterbendes Verwehen.

Letzter Abend im Jahr

Es ist so dunkel heut,
Man kann kaum in den Abend sehen.
Ein Lichtchen loht,
Verspieltes Himmelchen spielt Abendrot
Und weigert sich, in seine Seligkeit zu gehen.
– So alt wird jedes Jahr die Zeit –
Und die vorangegangene verwandelte der Tod.

Mein Herz blieb ganz für sich
Und fand auf Erden keinen Trost.
Und bin ich auch des Mondes Ebenich,
Geleitetest auch du im vorigen Leben mich,
Und sah ich auch den blausten Himmel in Gottost.

Es ruhen Rand an Rand einträchtig Land und Seeen,
– Das Weltall spaltet sich doch nicht –,
O Gott, wie kann der Mensch verstellen,
Warum der Mensch haltlos vom Menschtum bricht,
Sich wieder sammeln muß im höheren Geschehen.

Abschied

Der Regen säuberte die steile Häuserwand,
Ich schreibe auf den weißen, steinernen Bogen

Und fühle sanft erstarken meine müde Hand
Von Liebesversen, die mich immer süß betrogen.

Ich wache in der Nacht stürmisch auf hohen Meeres wogen!
Vielleicht entglitt ich meines Engels liebevoller Hand,
Ich hab' die Welt, die Welt hat mich betrogen;
Ich grub den Leichnam zu den Muscheln in den Sand.

Wir blicken all' zu *einem* Himmel auf, mißgönnen uns das
Land? –
Warum hat Gott im Osten wetterleuchtend sich verzogen,
Vom Ebenbilde Seines Menschen übermannt?

Ich wache in der Nacht stürmisch auf hohen Meereswogen!
Und was mich je mit Seiner Schöpfung Ruhetag verband,
Ist wie ein spätes Adlerheer unstät in diese Dunkelheit
geflogen.

Reliquie

Es brennt ein feierlicher Stern ...
Ein Engel hat ihn für mich angezündet.
Ich sah nie unsere heilige Stadt im Herrn,
Sie rief mich oft im Traum des Windes.

Ich bin gestorben, meine Augen schimmern fern,
Mein Leib zerfällt und meine Seele mündet
In die Träne meines nun verwaisten Kindes,
Wieder neu gesäet in seinem weichen Kern.

Das Wunderlied

Schwärmend trat ich aus glitzerndem Herzen
Wogender Liebesfäden,

Ganz schüchtern, hervor; Nacht im Auge,
Geöffnete Lippen ...

Aber wo auch ein See lockte,
Goldene Tränke,

Starb an der Labe mein pochendes Wild
In der Brust.

Was soll mir der Wein deines Tisches,
Reichst du mir des Herzens Mannah nicht.

Süß mir, wenn ich im Rauschen der Liebe
Für dich gestorben war –

Nun ist mein Leben verschneit,
Erstarrt meine Seele,

Die lächelte sonntäglich dir
Friede ins Herz.

Ich suche das Glück nicht mehr.
Wo ich auch unter hochzeitlichem Morgen saß,

Erfror der träumende Lotos
Auf meinem Blut.

Gott hör …

Um meine Augen zieht die Nacht sich
Wie ein Ring zusammen.
Mein Puls verwandelte das Blut in Flammen
Und doch war alles grau und kalt um mich.

O Gott und bei lebendigem Tage,
Träum ich vom Tod.
Im Wasser trink ich ihn und würge ihn im Brot.
Für meine Traurigkeit gibt es kein Maß auf deiner Waage.

Gott hör … In deiner blauen Lieblingsfarbe
Sang ich das Lied von deines Himmels Dach –
Und weckte doch in deinem ewigen Hauche nicht den Tag.
Mein Herz schämt sich vor dir fast seiner tauben Narbe.

Wo ende ich? – O Gott!! Denn in die Sterne,
Auch in den Mond sah ich, in alle deiner Früchte Tal.
Der rote Wein wird schon in seiner Beere schal …
Und überall – die Bitternis – in jedem Kerne.

Gedenktag

Das Meer steigt rauschend übers Land,
Inbrünstig fallen Wasser aus den Höhen.
Still brennt die Kerze noch in meiner Hand.

Ich möchte meine liebe Mutter wiedersehen …
Begraben hab' ich meinen Leib im kühlen Sand,
Doch meine Seele will von dieser Welt nicht gehen.

Und hat sich von mir abgewandt.
Ich wollte immer ihr ein Kleid aus Muscheln nähen;
In meinen rauhen Körper wurde sie verbannt.

Doch meine liebe Mutter gab sie mir zum Pfand.
Ich suche meine Seele überall auf Zehen;
Die nistete an meiner roten Felsenwand,
Und noch in meinem Auge irrt ihr Spähen.

Abendlied

Auf die jungen Rosensträucher
Fällt vom Himmel weicher Regen,
Und die Welt wird immer reicher.

O mein Gott mein, nur alleine,
Ich verdurste und verweine
In dem Segen.

Engel singen aus den Höhen:
„Heut ist Gottes Namenstag,
Der allweiß hier vom Geschehen ..."

Und ich kann es nicht verstehen,
Da ich unter seinem Dach
Oft so traurig erwach.

Weihnachten

Einmal kommst du zu mir in der Abendstunde
Aus meinem Lieblingssterne weich entrückt

Das ersehnte Liebeswort im Munde
Alle Zweige warten schon geschmückt.

O ich weiß, ich leuchte wieder dann,
Denn du zündest meine weißen Lichte an.

„Wann?“ – ich frage seit ich dir begegnet – „wann?“
Einen Engel schnitt ich mir aus deinem goldenen Haare
Und den Traum, der mir so früh zerrann.
O ich liebe dich, ich liebe dich,
Ich liebe dich!

Hörst du, ich liebe dich – – –
Und unsere Liebe wandelt schon Kometenjahre,
Bevor du mich erkanntest und ich dich.

Ewige Nächte

Ich sitze so alleine in der Nacht
An meinem Tisch, der trägt noch seine Lebensfarbe.
Auf jede seiner Adern geb ich acht,
– Mich dünkt, er blutet noch aus einer Narbe.

Vielleicht stieß mal ein Messer in den Stamm
Ein Mann im Walde, – seine Lust zu kühlen.
Und reckte weit am Teiche in den Schlamm
Die Glieder, die entlasteten zu fühlen.

Er warf mit seinem Tropfen letzter Lust
Die Menschheit von sich ab in einer einzigen Wehe.
Ich wälze auch, wie er, mein „Ich“ bewußt!
Ein Volk von mir, bevor ich aus dem Leben gehe.

Dich suchte unaufhörlich ich auf meinem Pfad,
Nie aber kam mein Ebenmensch mir je entgegen.
Und doch wurd' alles, was ich sann, zur Tat,
Und hat das Wort auch tausend Jahr in mir gelegen.

Und flöße Furcht ein, ob des Segens Segen,
Um Dunkelheit vor meines Tisches stillem Tal:
Ein wilder Jude mit dem Kopf des Baal.
Verwittert – ewige Nächte ... Draußen fällt ein Regen.

Genesis

Aus Algenmoos und Muscheln schleichen feuchte Düfte ...
Frohlockend schmiegt die Erde ihren Arm um meine Hüfte.
– Mein Geist hat nach dem Heiligen Geist gesucht –.

Und tauchte auf den Vogelgrund der Lüfte
Und grub nach Gott in jedem Stein der Klüfte
Und blieb doch Fleisch, leibeigen und verflucht.

Ich keimte schon am Zweig der Liebesgifte,
Als noch der Schöpfer durch die Meere schiffte,
Das Wasser trennte von der Bucht.

Und alles gut fand, da Er Seine Erde prüfte,
Und nicht ein Korn sprießt ungebucht.

Doch Seine beiden Menschen trieb Er in die Flucht!
Noch schlief der Weltenplan in Seinem Schöpferstifte.
Sie fügten sich nicht Seiner väterlichen Zucht.

Unbändig wie das Feuer zwischen Stein und Stein
Noch ungeläutert zu entladen sich versucht,

So trotzten sie!!
Wie meines Herzens ungezähmte Wucht.

Strophe

Neugierige sammeln sich am Strand und messen
Sich am Meer und mir der Dichterin vermessen.
Doch ihre Redensart löscht aus der Sand.
Ich hab die Welt vor Welt vergessen,
Getränkt von edlen Meeresnässen.
Als läge ich in Gottes weiter Hand.

Aus der Ferne

Die Welt, aus der ich lange mich entwand,
Ruht kahl, von Glut entlaubt, in dunkler Hand;
Die Heimat fremd, die ich mit Liebe überhäufte,
Aus der ich lebend in die Himmel reifte.

Es wachsen auch die Seelen der verpflanzten Bäume
Auf Erden schon in Gottes blaue Räume,
Um inniger von Seiner Herrlichkeit zu träumen.

Der große Mond und seine Lieblingssterne,
Spielen mit den bunten Muschelschäumen
Und hüten über Meere Gottes Geist so gerne.

So fern hab ich mir nie die Ewigkeit gedacht ...
Es weinen über unsere Welt die Engel in der Nacht.
Sie läuterten mein Herz, die Fluren zu versüßen,
Und ließen euch in meinen Versen grüßen.